**꿈이 없는 사람들을 위한
드림캐처 프로젝트**

꿈꿀 시간이 어딨어? 바빠 죽겠는데

남경현 지음

도서
출판 좋은땅

꿈꿀 시간이 어딨어?
바빠 죽겠는데

초 판 1쇄 발행 2019년 1월 16일

지은이 남경현
엮은이 하다솜
펴낸이 이옥겸
디자인 박혜옥, 조혜린, 김그리나

펴낸곳 도서출판 좋은피알
등록번호 제2018-000029호
주 소 서울시 중구 수표로 45 을지비즈센터 705호
전 화 070.4616.4040~3
팩 스 0505.898.1010
이메일 master@soyapr.com
홈페이지 www.soyapr.com

ISBN 979-11-964016-5-8
가 격 13,000원

국립중앙도서관 출판시도서목록 (CIP)

꿈꿀 시간이 어딨어? 바빠 죽겠는데 : 꿈이 없는 사람들을 위한 드림캐처 프로젝트
/ 지은이: 남경현. -- 서울 : 좋은피알, 2019

ISBN 979-11-964016-5-8 03190 : ₩13000

자기 계발[自己啓發]
자기 성장[自己成長]

325.211-KDC6
650.1-DDC23   CIP2019000563

*잘못된 책은 바꾸어 드립니다.
*이 출판물은 저작권법에 의해 보호를 받는 저작물이므로 무단전재와 무단 복제를 할 수 없습니다.

꿈이 없는 사람들을 위한
드림캐처 프로젝트

꿈꿀 시간이 어딨어? 바빠 죽겠는데

남경현 지음

도서
출판 좋은PR

프롤로그

당신은 꿈을 가지고 있나요?
생각하면 가슴 뛰는 것이 있나요?
당신이 생각하는 꿈이란 무엇인가요?

드림캐처 프로젝트는 이러한 질문들로 시작됩니다.

저는 꿈이 없는 사람이었습니다. 꿈에 대한 생각 자체를 하지 않았습니다. 꿈에 대한 이야기를 나눌 수 있는 사람이 있었지만 그 사람은 꿈에 대한 부담감만 심어줬습니다.

그렇다고 제 꿈은 없었을까요?

저는 지금 어마어마한 꿈을 꾸고 이뤄나가고 있습니다.
꿈이 없었던 제가 지금의 드림캐처 프로젝트를 이끌기
까지 어떤 이야기가 있었는지 궁금하신가요?

어디선가 꿈을 꾸고 이뤄가고 있는 당신을 포함한, 모든
드림캐처들과 함께하는 책.
시작합니다.

남경현

≡ 목차 ≡

프롤로그 ● 004
목차 ● 006

내 꿈? 없는데? ● 008
하고 싶은 일은 여전히 없었다 ● 011
꿈의 목록에 도전하기 ● 018

흔해빠지지 '않은' 꿈에 대한 이야기

꿈? 그게 뭔데? ● 024
우리 '생각'할 시간 좀 갖자 ● 027
꼭 '죽기 전'을 가정하고 꿈을 꿀 필요는 없어 ● 029
드림캐처 〈남경현〉의 이야기 ● 032

이런 사람에게 드림캐처를 추천합니다.

나, 이제 뭐하지? ● 054

난 왜 사는 걸까? 뭘 해도 즐겁지 않아 ● 055

하고 싶은 게 너무 많아! 어쩌지? ● 057

으, 지루해. 뭔가 새롭게 짜릿한 게 필요해! ● 060

드림캐처 이야기
하다솜 ● 062 | 박해숙 ● 075 | 김민이 ● 080

드림캐처가 된 당신의 내면은 성장 중!

내면의 이야기 듣기 : 혼잣말의 비밀 ● 090

드림캐처 이야기
이정현 ● 092 | 김은지 ● 097 | 최인나 ● 102

내가 나에게 질문하기 ● 107

드림캐처 이야기
김한미 ● 113 | 진유리 ● 125 | 김다솔 ● 128

내면의 힘 사용하기 ● 134

드림캐처 이야기
서은미 ● 137 | 유지롱 ● 144 | 윤솔 ● 148

내 꿈?
없는데?

내가 아직 아이였을 때, 외삼촌은 우리 집에 자주 드나들곤 했다. 외삼촌은 매번 닫혀있던 내 방문을 열고 물었다.

"네 꿈이 뭐냐?"

나는 같은 질문에 몇 번이고 "없는데?"라고 답했다.
"새끼, 꿈도 없냐?"며 뒤통수를 때리고 나가던 삼촌의 뒷모습을 떠올릴 때마다 생각한다. 삼촌에게 같은 질문을 했을 때, 삼촌은 대답할 수 있었을까?
'꿈이 무엇이냐'는 질문을 들으면 항상 기분 나쁘게 머리를 맞아야 했기 때문에 나는 오로지 안 맞기 위해서 거짓 꿈을 만들어냈다.
"삼촌, 나는 대통령이 되는 게 꿈이야!"

그리고 모두가 예상했겠지만 나는 삼촌에게 한 대를 더 맞았다. 꿈이 뭔지, 그저 맞는 게 싫어서 그 생각을 하는 것조차 싫었던 나는 중학생이 되었다. 공부하라는 소리 한 번을 안 하시던 어머니는 내가 중학교에 들어가자 갑자기 변하셨다.

TV를 잠깐 보려면,
"TV 그만 보고 공부해라."
냉장고 문을 열면,
"냉장고 문 닫고 공부해라."
왔다 갔다 하고 있으면,
"왔다 갔다 하지 말고 공부해라."

어머니의 잔소리는 끊이질 않았고, 나는 점점 더 청개구리처럼 굴었다. 공부를 더욱 하기 싫어했고, 실제로 공부를 하지도 않았으며, 나중에는 학교에서 수업시간 내내 딴짓만 하는 데까지 이르렀다. 어머니는 그런 나를 보며 혀를 끌끌 차시다가, 한 가지 묘책을 내셨다.

"경현아 네가 전교에서 10등 안에 들면, 너 갖고 싶어 하던 자전거를 사줄게!"

달콤한 유혹이었다. 내가 자란 곳은 서울에서 차로 5시간 정도 걸리는, 강원도에 가까운 경상북도 울진이다. 내가 어릴 때의 그곳은 시골 중에 시골이었고, 자전거는 무척 귀했다. 그런 자전거를 가질 수 있다니, 공부를 안 할 이유가 없었다. 구체적인 목표가 생기니 그렇게 하기 싫던 공부에 재미가 붙기 시작했다. 매일같이 자전거를 떠올리며 정말 열심히 공부했다. 하지만 그 때, 천성인 못난 심보가 또 발동했다.

'내가 이렇게 공부를 계속 하면, 전교 10등이 아니라 5등 안에 들지 않을까?'

내가 전교 5등을 하면 엄마가 좋아할 게 분명한데, 나는 그게 싫었다. 그래서 그때부터 다시 공부를 설렁설렁했다. 당시에는 어머니와의 관계가 그리 좋지 않았기 때문에, 나는 이런 생각으로 적당히 공부를 하고 전교 10등 목표를 턱걸이로 달성했다. 그 결과, 그토록 그리던 자전거를 손에 넣었고, 공부는 다시 그만두었다.

하고 싶은 일은
여전히 없었다.

    그렇게 시간이 흘러 나는 고등학생이 되었다. 목표가 사라졌기 때문에 공부에서 손을 뗐던 내가 처음으로 받은 모의고사 점수는 400점 만점에 150점이라는 형편없는 점수였다. 하지만 나는 그 점수를 고등학교 3학년 때까지 유지했다. 하고 싶은 일이 없었기 때문이다. 학교는 출석만 하고 사고를 치지도 않고 그저 친구들이 공부하는 모습을 물끄러미 바라보는 것이 내 일상이었다. 목적 없는 삶이란 바로 그런 것이었을까?

    그 무렵 나는 교회에 다니고 있었다. 어느 것에도 흥미를 갖지 못한 채 무의미한 나날을 살아가던 중, 다니던 교회 목사님이 귀를 솔깃하게 하는 이야기를 꺼내셨다.

    "이번 여름 수련회는 서울에 있는 교회에서 우리 지역으로 놀

러와 연합으로 진행하기로 했습니다!"

서울에서 온 친구들과 수련회라니, 나는 그날부터 어쩐지 신이 나는 것을 감출 수가 없었다. 기대하고 기대하던 수련회 당일, 나에게 운명적인 만남이 찾아왔다. 서울 친구들이 타고 있는 관광버스를 물끄러미 바라보는데 버스에서 내리며 밝은 얼굴로 목사님께 인사를 건네는 유독 눈에 띄는 여자아이가 있었다. 얼굴도 예뻤지만, 내가 꽂혔던 가장 큰 이유는 그녀가 완벽한 표준어를 구사했기 때문이다. 그런 그녀가 자신을 쳐다보던 나에게 갑자기 다가오더니 예사 그 표준어로 말을 걸었다.

"혹시 몇 학년이세요?"

당황했던 나는 경상도 사투리로 "3학년인데?"라고 했고 그녀는 "저보다 오빠네요, 오빠라고 불러도 되죠?"라고 했다. 그렇게 우리의 인연은 시작됐다.

수련회 둘째 날 일정에는 바다수영이 있었다. 바다를 내 집 앞마당처럼 드나들던 나는 여느 때와 다름없이 수영으로 더위를 식히고 있었는데, 물에 빠져 허우적거리는 사람이 시야에 들어왔다. 그녀였다. 나는 고민할 틈도 없이 당장 헤엄쳐 가서 그녀를 구했고, 그 일을 계기로 그녀와 더욱 가까워졌다. 하지만 수련회는 곧 막바지에 이르렀고 헤어짐이 아쉬웠던 우리는 펜팔을 시작했다. 일주일 내내 한 여자의 편지를 기다리는 그 절절한 마음이란, 지금까지도 아련하게 떠오른다. 그녀의 편지를 받은 날은 세상을 다 가진 것 같은 기분이었다. 그리고 그렇게 펜팔을 주고받던 중에 나를 다시 한 번 변화시키는 중요한 사건이 하나 일어난다. 그것은 정확히 세 번째 편지에 적힌 한 마디 때문이었다.

> "오빠 이제 고3이니까 서울에 있는 대학교 오겠네? 나 지금 수학 점수 떨어져서 너무 속상해. 오빠, 서울에 있는 대학 오면 과외 해주라."

그 때, 나에게 태어나서 처음으로 꿈이라는 것이 생겼다. 자전거가 갖고 싶다는 것은 꿈이라기엔 너무나 사소한 것이었기 때문이다. 온 가족이 나를 포기했던 그 순간에, 오직 그녀의 말 한 마디로 내 첫 번째 꿈은 "서울에 있는 대학교에 입학해서 그녀의 과외 선생님 되기"로 정해졌다. 나는 자전거를 위해 공부하던 어린 시절처럼 악착같이 공부했다.

그렇게 시간이 흘러 고등학교 3학년 10월, 가장 중요한 시기에 내 꿈은 다시 한 번 큰 변화를 겪는다. 그리고 이 변화가 일어났던 순간은 내 인생에서 가장 중요한 순간이 되었다. 여느 때처럼 공부를 하다가 저녁 식사를 하러 거실에 나왔는데, TV에서는 〈일요일 일요일 밤에〉가 흘러나오고 있었다. 그날 방송내용은 부모님을 교통사고로 잃고 동생들을 키우는 소년소녀가장의 이야기였다. 주인공인 아이는 경제적으로 당연히 어려운 상황이었고, 저녁은 동사무소에서 오는 도시락으로 겨우 때웠는데, 아침 점심까지는 챙겨 먹을 수가 없어서 굶는 안타까운 상황에 놓여 있었다. 우연히 보게 된 그 방송 때문에 밥을 먹다가 눈물을 흘렸다.

겨우 식사를 마치고 다시 공부를 하러 방에 왔다. 책상 앞에 앉았지만 공부가 전혀 되지 않았다. 그래서 태어나서 처음으로 스스로에게 질문을 했다.

"경현아 너 뭐하고 싶어?"

나는 아무 대답도 할 수 없었다. 운명의 그녀를 만나는 것은 평생 지속할 수 있는 일이 아니었다. 설령 그것을 목표로 삼고 공부를 하더라도 어떤 대학의 무슨 전공을 가야할지도 막막했기 때문에 모든 것이 불확실했다. 불확신으로 인한 불안은 스스로에 대한 연민으로까지 이어졌다. 이윽고 그 연민은 분노가 되었다.

왜 나는 하고 싶은 게 하나도 없지?

나는 그 순간, 오늘 이 질문에 대한 답을 찾지 못하면 밥도 안 먹고 잠도 안 자고 공부도 안 하고 그 어느 것도 하지 않겠다는 다짐을 했다. 그렇게 마음을 정한 것이 저녁 9시였다. 밤 12시가

됐다. 나는 그 상태로 가만히 앉아있었다. 답을 못 찾았기 때문이다. 새벽 2시, 위기가 찾아왔다. 배가 고팠고 허리와 다리가 저리고 욱신거렸다. 두 가지 생각이 끊임없이 나를 괴롭혔다.

'그만 하고 자자'
'내가 이대로 자면 나는 아마 다시는 이 질문을 나한테 하지 않을 거야'

이를 악물고 고민하고 또 고민했다. 그리고 새벽 3시 반, 드디어 답을 찾을 수 있었다.

우연히 봤던 TV 방송에서 큰 영향을 받아 나에게 두 번째 꿈이 생겼다. 두 번째 꿈은 "어청도사", 어려운 청소년을 도와주는 사람이 되자!

나는 이 꿈을 10년에 걸쳐 노력한 끝에 이룰 수 있었다. 관련된 대학에 입학하고 관련된 전공을 선택해서 지식을 쌓았다. 그 후 갖게 된 '학교사회복지사'라는 직업을 통해 자살하려는 친구들을 살렸고, 학대받는 친구들을 구했고, 경제적으로 어려운 친구들은 어떻게든 기관과 연계를 시켜서 먹고 사는데 도움을 주었다. 그리고 다양한 고민을 가진 친구들의 고민을 들어주었다. 어려운 청소년을 돕겠다는 꿈 하나를 이루고 나니 다시 스스로에게 질문을 하는 시간이 찾아왔다.

"너 이제 뭐하고 싶어?"

그 때 생각한 답이 강의를 통해 그 꿈을 좀 더 구체화하고 싶다는 것이었다. 그리고 현재의 에듀모션(교육회사)을 창업했다. 대부분의 사람들은 물론이고, 가족조차도 나를 만류했다. 그런 힘든 일을 왜 사서 하냐고, 잘 안 될 거라면서 말이다. 당시에 실제로 나는 가진 것이 아무것도 없었다. 많은 지인의 이야기는 일리가 있었지만, 그 사람들은 한 가지 보지 못한 것이 있었다. 내 안에 잘 될 것이라는 확신과 열정이다. 그 확신은 정말 강력했고 나는 지금 이 자리까지 오게 되었다.

> 나의 꿈은 '강의를 하는 것'
> 꿈을 이루다.

꿈의 목록에
도전하기

 이후 나는 에듀모션을 통해 지역사회에 여러 가지 강의를 하러 다니게 되었다. 진로와 꿈에 대한 강의가 주를 이루었다. 강의 준비를 하면서 우연히 '행복전도사' 김수영씨를 만나게 되었는데, 그녀는 '꿈의 목록'이라는 것을 늘 가지고 다녔다. 나는 이에 호기심이 생겼다. 김수영씨의 삶에 대한 이야기와, 60가지가 넘는 꿈들을 적고 이루어나가는 모습은 나에게 큰 자극이 되었다. 나도 한 번 '꿈의 목록이라는 것에 도전해 봐야겠다!' 라는 생각이 들었다. 김수영씨의 꿈의 목록에는 직업과 관련된 꿈이 대부분이었다.

 나는 나만의 꿈의 목록을 적기 위해 다시 고민을 시작했다.

 '그럼 나는 무엇을 적어볼까? 남경현의 꿈의 목록? 음, 그 안에 무엇을 채워 넣어볼까?' 고민하는 과정 속에서 '행복'이라는 가치에 대해 생각하게 되었다. 그리고 내가 행복할 수 있는 것들을 적어보기로 마음먹었다.

대망의 2014년 3월 1일. 남경현의 꿈의 목록이 시작되었다. 그날 나는 직업이 아닌 사소한 것들, 미래에 이루고 싶은 것들 모두를 적어보았다. 예를 들면 어린 시절 자전거를 갖는 것이 꿈이었던 것처럼 모두 적었다. 그냥 적기에는 너무 막연해서 분류를 해보고 10년 안에 하고 싶은 일과 죽기 전까지 꼭 하고 싶은 것들로 다시 분류했다.

1. 만나고 싶은 사람
2. 여행가고 싶은 곳
3. 배우고 싶은 것
4. 하고 싶은 것

하지만 꿈의 목록을 쓰는 과정은 생각보다 쉽지 않았다. 앉은 자리에서 40개 정도는 어렵지 않게 써 내려갔던 것 같은데 더 이상 생각이 나지 않았다. 괜히 자존심이 상했다.

"뭐야……. 내가 하고 싶은 일이 100개도 되지 않아?"

최소한 100개는 적겠노라 마음을 다잡고 거의 2주 동안은 무엇을 하든지 꿈의 목록에 집중했다. 강의를 마치고 이동하면서도 '내가 무엇을 좋아하지? 경현아 넌 무엇을 하고 싶니?' 하는 여러 가지 질문들로 내 머릿속은 가득 찼다. 어느 날은 목록에 3

가지를 적기도 하고, 또 어느 날에는 20가지가 넘는 하고 싶은 일들을 적기도 했다.

쓴다고 간단하게 끝나지도 않았다. 나는 몇 번이고 썼던 것을 지웠다가 다시 쓰기를 반복했다. '이거 하면 좋겠다!'라고 생각한 것이 가만히 보니 결국은 내가 스트레스 받을만한 것이 많았고, 내가 정말 좋아하는 것이 아닌 것들도 많았기 때문이다.

힘들었지만 이 작업을 하면서 가장 좋았던 것이 하나 있다. 바로 나에 대해 많은 생각을 하게 되었다는 것이다. 사실 나는 스스로에 대해서 생각해 보는 시간을 가져본 적이 없었다. 나뿐만 아니라 대부분의 사람들이 자기 자신에 대해 생각해보는 일을 잘 하지 못하고 있다.

세상이 정해 놓은 틀에 맞춰 살아가느라, 돈 혹은 좋은 대학과 같은 타인이 정해놓은 가치를 좇느라, 또 부모와 주변 사람들의 영향을 받느라 '나'를 잃어버리고 살아가는 사람이 정말 많다는 것을 꿈의 목록을 만들어가는 과정을 통해 다시 한 번 확인했.

스스로에 대해 깊은 생각을 가졌던 그 2주 동안의 시간은 참으로 행복했다. 그리고 '나'에 대해 많은 것을 알게 되었다. 몰랐던 나를 발견하는 일이 얼마나 즐겁고 행복한 것인지 이 책을 읽는 모두에게 꼭 알려주고 싶다.

지금부터 이 책을 통해 자신만의 꿈의 목록을 하나씩 만들어가보자.

〈꿈꿀 시간이 어딨어? 바빠 죽겠는데〉
100% 활용법

- 책에 아낌없이 흔적을 남기세요.

- 나만의 책을 만들어 보세요.

- 일기장처럼 책을 가방 안에 넣고 다녀보세요.
  그리고 틈틈이 꺼내보세요.

- 매일매일 새로운 꿈을 꾸고 적어보세요.

- 이룬 꿈의 스토리를 적으며 드림캐처가 되어보세요.

흔해빠지지 '않은'
꿈에 대한 이야기

꿈?
그게 뭔데?

 꿈, 꿈이란 과연 무엇이라고 정의할 수 있을까? '꿈'이라는 말은 지나치게 모호하고 다의적인 단어로 느껴진다. 그래서 당신에게도 질문해보고자 한다.

> 당신이 생각하는 꿈이란 무엇인가요?

 대부분의 사람들이 생각하는 꿈은 보통 '직업'에 국한되어 있다. 대학생을 대상으로 한 멘토 교육에서 나는 같은 질문을 했다. 그리고 오늘을 살아가는 청년들의 꿈은 생각보다 충격적이었다.

"여러분 꿈이 있나요?"

아주 소수의 대학생들이 손을 들었다. 손을 든 친구들에게 다시 질문했다.

"그렇다면 당신의 꿈은 무엇인가요?"

여기저기에 흩어져 앉아있던 학생들에게 같은 말이 흘러나왔다.

"취업이요"

가장 많은 것을 꿈꾸고 있어야 할 대학생들이 꿈꾸기 어려운 시대를 살아가고 있는 것이다. 그들은 똑같은 교육, 지긋지긋한 경쟁 속에 지쳐 꿈에 대한 생각, 나에 대한 생각을 할 시간적 여유와 에너지가 모두 메말라버렸다.

꼭 직업이 꿈일 필요는 없다. 우리가 할 수 있는, 하고 싶어 하는 작은 것들 모두가 꿈이 될 수 있다. 예를 들면, 만나고 싶은 사람을 만나거나, 먹고 싶은 음식을 먹거나, 보고 싶은 영화를 보거나 하는 아주 사소한 것들이 스스로에게는 크고 작은 꿈일 수 있는 것이다.

나를 위한 것들은 모두 하나하나의 작은 꿈이 될 수 있다. 그리고 이 꿈들은 진정한 '나'를 만든다. 우리는 사실 평소에도 스스로에게 끊임없이 이야기하고 있다. 적지 않아서 이야기하는 순간 까먹을 뿐이다. '아, 이거 하고 싶다, 이거 사고 싶다.' 하는 것들을 일단 적어보자. 내가 내게 던지는 말들을 모두 잊어버리게 되면, 내 삶의 주인은 내가 되는 것이 아니라 그냥 이 세상에 맡겨놓고 흐르듯이 살아가는 삶이 되어버린다. 작은 꿈부터 이루다 보면, 언젠가는 커다란 꿈도 이룰 수 있게 되고, 결국에는 진정한 자신을 찾을 수 있다.

우리
'생각'할 시간 좀 갖자

　아침부터 밤까지 우리는 핸드폰 혹은 손목시계를 통해 시간이 흘렀음을 체감하며 정신없이 살고 있다. 상사의 눈치를 보고, 고객의 한숨소리에 죄송하다 말하고, 영원히 끝나지 않을 것만 같은 공부와 과제에 매달리며 하루를 보내고 나면, 밤늦게 집에 들어와 침대에 눕는 순간 하루는 그냥 끝이 나 버린다.

　이런 하루 일과 중에 우리는 스스로 '생각'이라는 것을 과연 몇 시간이나 아니 몇 분이나 했을까? 처음에는 바빠서 생각을 '못' 했을 것이다. 하지만 이런 일상이 반복된 후에는 사람들이 생각 자체를 아예 '안'하려고 하게 된다. 우리는 생각하는 힘을 잃어버렸다. 나를 시달리게 만든 사람들의 욕을 하느라, 힘든 삶을 살고 있다고 불평하느라, 너무나 잘나 보이는 SNS 속 타인과 자신을 비교하며 자책하느라, 생각하는 방법을 잊어버린 것이다.

당신이 마지막으로 '주체적인' 생각을 한 것은 언제인가? 누군가가 나에게 질문을 던져서 하는 생각이 아닌, 스스로가 자신에게 질문을 던지고 그 질문에 대한 답을 생각해보는 것 말이다. 당장 하고 싶은 일이 무엇이냐는 질문에 "퇴근이 하고 싶어요." 혹은, "집에 가고 싶어요."라는 대답만을 반복하고 있지는 않는가?

우리는 스스로 '생각하는 시간'을 만들어야 한다. 더 구체적으로는, '나에 대해 생각하는 시간'을 가져야 한다. 기분 좋은 생각은 우리에게 기대할 수 있는 긍정적인 에너지를 갖게 하고, 이 긍정적인 에너지를 통해 우리는 자신감을 얻고 무언가에 도전할 수 있는 용기를 얻게 된다. 생각하는 순간, 우리 삶은 달라질 것이다.

꼭 '죽기 전'을 가정하고 꿈을 꿀 필요는 없어.

'드림캐처'란, 자신의 꿈을 '목록화' 하고 이루어 나가는 사람들을 말한다. 떠오르는 유사한 것이 있을 것이다. 버킷리스트(Bucket list). 버킷리스트는 영화 'The Bucket list'에서 시작된다. 영화의 큰 줄거리는 죽음을 앞둔 한 부자 노인과 가난하고 평범한 노인이 죽기 전에 이루고 싶은 것들을 함께 적고 이루어 나가는 영화이다.

이 영화를 계기로 많은 사람들이 버킷리스트를 작성하기 시작했다. 내가 죽기 전에 꼭 하고 싶은 일은 무엇일까 생각해볼 계기가 되어준 것이다. 하지만, 이 버킷리스트는 목록을 가진 수많은 사람들 중 대부분의 사람들이 지속적으로 삶에 적용하지 못하고 있다는 한계를 가지고 있다.

영화 속에 나오는 버킷리스트는 현실에서 이루기 힘든 것들이 상당수였다. 가령, 전용기를 타고 돌아다니면서 세계여행을 하는 것이나, 남들은 비싼 비용 때문에 쉽게 도전하지 못하는 비행기에서 스카이다이빙을 하는 것 등, 평범한 사람은 죽기 전에 하나라도 이뤄볼까 말까 한 것들이지만 영화이기 때문에 이뤄질 수 있는 거창한 꿈들 말이다. 그렇기 때문에, 영화를 보고 버킷리스트를 적은 사람들은 실제 우리의 삶과는 많이 동떨어진 것들을 꿈이라고 생각하고 리스트를 만들곤 한다. 물론 그것도 꿈이 맞지만, 당장은 이룰 수 없는 먼 훗날의 일로 여기고 그 꿈을 이루기 위해 노력하거나 계획하는 것은 나중일로 미루는 것이 현대인들이 당면한 현실이다. 따라서 꿈을 적고 이뤄야한다는 것에 대해 별다른 동기부여 역시 되지 못하는 것은 당연지사이다.

하지만 우리 '드림캐처'가 쓰는 꿈의 목록은 이와 결정적으로 다른 매력 한 가지를 지니고 있다. 버킷리스트에 '죽기 전에' 하고 싶은 일이라는 조건이 붙는다면, 드림캐처가 쓰는 꿈의 목록은 그런 조건 없이, '내 삶의 아주 사소한 것들'이 모두 그 목록의 일부가 된다는 차이가 있다. 또한, 버킷리스트는 목록에 적힌 것들을 이루기 위해 장기적이고 구체적인 계획이 필요한 반면, 꿈의 목록은 오늘 당장 이룰 수 있는 꿈들도 많다는 장점을 가지고 있다.

이 차이점은 현실에 적용할 때도 큰 차이가 난다. 예시로 내가 쓰고 있는 꿈의 목록을 살짝 공개하면,

'노트북 사기'

'영화보다가 울기'

'빨강색 패딩 사기'

'물고기 키우기'

'OOO 만나기'

'사이클 자전거 가지기'

이렇게 어렵지 않게 이룰 수 있는 꿈들이 많다.

이러한 작은 꿈들을 하나하나 실천해 나가다 보면 어느새 점점 더 큰 꿈에 가까이 가게 되는 것을 직접 보고 느낄 수 있을 것이다.

드림캐처 〈남경현〉의 이야기

여러 드림캐처들의 이야기를 들어보기에 앞서
내 꿈의 목록을 소개하고 내 이야기를 먼저 나눠보고자 한다.

남경현의 꿈의 목록

만나고 싶은 사람

- 노홍철 방송인
- 황경미
- 김제동 방송인
- 박진영(JYP) 대표
- 천관웅 목사님
- 이영표
- 노혜련 교수님 #1 2014.3.26.
- 오은석 녹번복지관 관장님 #3 2014.4.18.
- 나성범 야구선수
- 문재인 대통령
- 엄재현 목사님 #22 2015.7.23.
- 엄인범 목사님 2014.12.18.
- 김어준 총수
- 전상만 선교사님 #28 2016.1.15.
- 김상곤 교수님 #2 2014.3.28.
- 벤(가수)
- 이은결 마술사 2014.11.08.
- 박원순 시장

여행하고 싶은 곳

- 독일
- 울릉도
- 우리나라 거지 여행
- 남극여행
- 캐나다 로키 #46 2018.7.30.
- 이스라엘
- 호주
- 일본
- 제주도 #6 2014.7/2~7/5

- 독도
- 백두산
- 스위스
- 도보 여행
- 마라도
- 필리핀
- 몽골 #34 2016.8.4.~8.12
- 혼자 여행 가기(2박3일)

배우고 싶은 일

- 심리극(심리극 시연이 가능할 정도로 배워보기) 2014.10
- 상담(석사 학위 및 자격증 취득) #42 2018.2.9.
- 수상스키 배우기
- 스킨 스쿠버(자격증 취득)
- 연기(꼭 해보고 싶다)
- 영어 회화 배우기 #47 2018.8.22.
- 노래(노래 잘 부르고 싶다) #20 2015.7
- 권투&격투기

하고 싶은 일 해낼 일

(단기)

일주일 금식(기도)	노트북 사기 #5 2014.6.
79kg 만들기	연구소 만들어 프로그램 개발 #7 2014.9.
에듀모션 월 급여 500이상 벌기 2014.11	아버지와 여행가기
글로벌 리더십 캠프 열기 (2015.3.18.~20)	나이아가라에서 나에게 물 뿌리기
매달 책 1권 이상 읽기(1년 동안 12권)	호텔에서 밥 먹고 튀어보기
제주도 한라산 등반	자녀 3명 (셋째는 딸) #33 2016.6.8.
물고기 키우기(어항) #30 2016.3.3.	대학교에서 강의하기 #43 2016.3.5.
1,000명 이상 인원 앞에서 강연 #26 2015.12.17.	세바시 강의하기
땅 끝 마을에서 짜장면 먹기	프로 바둑기사와 바둑 두기
아내 멋진 옷 사주기(정장, 구두) 2014.12.	멋진 시계 가지기 #45 2018.7.26.
빨간색 패딩 사기 2014.12.	인터뷰 100명 하기
비 맞으며 자전거 타기	책 100권 읽기
사이클 자전거 가지기 2016.1.12.	나만의 글 100개 쓰기
멋진 구두 가지기 #25 2015.9.18.	빅픽쳐 제작하기 #41
팝송 외워서 부르기	슬램덩크 책 사기 #38 2017.7.21.
소나무 기르기 #29 2016.2.20.	슬램덩크 피규어 사기 #39 2017.8.14.
영화나 책 읽다가 울어보기 #4 2014.6. 우행시	만원의 행복해보기
교복입고 영화보기(인증샷) #17 2015.2.11.	일본에서 성인용품 사기

하고 싶은 일 해낼 일

(장기)

나만의 책 출판	둘째 아들과 둘만의 여행가기
- 내가 만든 프로그램 모음집	막내 딸과 둘만의 여행가기
- 비전 관련(꿈의 목록)	아내와 둘이 여행가기(외국)
- 부모교육	아무도 없는 산에서 나체로 뛰어다니기
- 인터뷰 관련 책	미국 NBA 경기 직접 관람하기
서울대학교에서 강의	40대 이후에 챔피온스 농구 대회 참가
고향에 펜션 짓기	자전거타고 울진가기
라디오 DJ	가수와 듀엣 노래 불러보기
청와대에서 상 받아보기	60살에 에스더와 다시 결혼하기
시베리안 허스키 키우기 #44 2018.5.	노숙자 생활해보기
연기 해보기(영화나 기타)	결혼식 주례하기
북한 청소년 사역	한강 수영으로 건너기
발음교정 th발음	센터 빌딩 구입
농구코트가 있는 마당 가지기	홍대에서 나만의 공연해보기
챔피온스 여행가기	스카이다이빙 하기
농사 지어보기	비행기 일등석 타보기
말씀 전하는 설교자 되기 #31 2016.3.6.	외국에서 1년 이상 살아보기
첫째 아들과 둘만의 여행가기	예능프로그램 MC

대안학교 세우기	수염 길러보기 10cm 이상
아침마당 출연하기	머리 길러보기 20cm 이상
CF 찍기	하루 말없이 살기
홍보대사 해보기	프로야구 시구하기

172개 꿈의 목록(2018년 9월19일 기준)

　날짜와 함께 체크된 것이 이루어진 꿈들이다. 지금도 나는 꾸준히 꿈을 적고 이루어나가는 과정을 반복하고 있다.

01 노혜련 교수님 만나기

★ 드림 캐치 ★

#1

내가 꿈의 목록을 작성하고 가장 첫 번째로 이룬 꿈이다.

교수님과의 첫 만남은 강렬했다. 당시 나는 학교사회복지학회에서 주제 발표를 막 마친 상태였다. 자리에 계시던 여러 교수님들께 피드백을 받았는데, 그중에는 학교사회복지 영역에서 존경받고 계신 숭실대학교 노혜련 교수님도 포함되어 있었다. 그리고 교수님이 나에게 던졌던 피드백은 나에게 강력한 에너지를 실어주었다.

"남경현 선생님은 공부를 많이 하신 분이 아니에요. 그런데 본능적으로 이렇게 해야겠다는 것을 하고 있는데 그것이 사회복지에서 말하고 있는 실천인거죠."

늘 이 말을 간직하고 있던 나는 '남경현의 꿈의 목록'의 가장 첫 번째로 교수님과 다시 만나는 것을 적었다. 학회발표 때 뵌 것 이외에는 어떠한 연도 없었던 교수님을 찾는 일은 쉽지 않았다. 연락처조차 알 수 없었다. 지인에게 물어물어 연락처를 겨우 얻었을 때, 나는 갑작스러운 연락임에도 고민하지 않고 바로 전화를 걸었다. 다행히 교수님을 나를 기억하고 반갑게 맞아주셨다.

"그런데 무슨 일로 전화했어요?"

나는 교수님께 꿈의 목록이 무엇인지 소개하고, 그 첫 번째로 적은 것이 교수님을 만나는 것이라고 말씀드렸다. 교수님은 기꺼이 시간을 내어 주셨고 3월 26일 숭실대학교로 찾아가 교수님을 만났다.

교수님과의 만남은 행복했다. 몇 해 만에 마주한 교수님이었지만, 이전부터 알고 지낸 듯 어색함이라고는 느껴지지 않았다. 3시간가량 서로의 생각과 가치관을 비롯한 다양한 이야기들을 나누었고, 교수님과의 인연은 더욱 커지게 되었다.

내가 이룬 이 첫 번째 꿈은 다른 꿈의 목록을 이루는데 발판이 되었다. 내 꿈의 목록에는 '대학원 진학'이라는 항목이 있었다. 나는 진학에 성공했지만, 이 꿈은 무사히 졸업까지 해야 비로소 완료되는 꿈이었다.

교수님을 만난 그 시기에 나는 대학원을 다니다가 한 학기만 다니고 휴학을 했다. 휴학 내내 여러 가지 사정으로 인해 복학해서 졸업을 해야겠다는 꿈을 접어가고 있었다. 하나의 꿈을 포기하려던 찰나에 교수님은 당신이 몸담고 있는 학교로 와서 공부를 계속하는 것을 제안하셨다. 그러면 능력을 더욱 마음껏 발휘할 수 있을 것이라고. 이 말은 포기하려던 꿈에 다시 열정을 불어넣었고, 동기부여가 되어 대학원에 다시 진학해 졸업까지 무사히 마칠 수 있었다.

그리고 나는 또 다른 꿈을 하나 더 이룰 수 있었다. 바로 대학교에서 강의하는 것이다. 이 때 교수님을 만나지 않았더라면, 이 제안을 듣지 못했더라면 나는 두 개의 꿈을 포기해야만 했을 것이다. 하나의 꿈은 생각지 못하게 다른 꿈들에 큰 영향을 미치기도 한다.

02 오은석 녹번종합사회복지관 관장님 만나기

★ 드림 캐치 ★

 처음에는 오은석 관장님에 대해 잘 몰랐다. 나는 결혼 후에 은평구라는 낯선 곳에 정착하게 되었다. 은평구에서의 생활에 적응할 때 즈음, 주변 사람들이 입을 모아 칭찬하는 사람이 한 명 있었다. 바로 오은석 관장님이었다. 도대체 어떤 사람이기에 이렇게 많은 사람들에게 훌륭한 인물로 인정받고 있을까 궁금했다.

'그래 한번 찾아뵙고 대화를 해보자.'
그리고 꿈에 목록에 적었다.

 관장님을 만나게 된 것은 정말 우연이었다. 내가 출석하고 있는 교회에 오은석 관장님이 갑자기 나타나셨는데, 알고 보니 아내와 친분이 있는 사이였던 것이다. 나는 교회에서 관장님과 마주쳤을 때, 인사를 드리면서 직접 따로 만나고 싶다고 요청했다. 관장님은 기쁘게 응해주셨고, 녹번종합사회복지관으로 향했다. 반갑게 맞아주시던 환한 얼굴과 직원 한 분 한 분을 소개해주시던 친절함과 따스함이 정말 인상 깊은 분이었다.

함께 식사를 하고 차를 마시면서 관장님께 궁금했던 것들을 물어보았다. 관장님의 가치관, 현재의 자리에 오기까지의 다양한 경험들, 학창시절의 모습, 그리고 앞으로의 비전까지.

이 소중한 만남 이후 관장님은 나에게 멘토와 같은 존재가 되었다. 나중에야 알게 된 것이지만 오은석 관장님께서 지역사회 여러 곳에서 나에 대해 칭찬하고 나를 소개하기도 하셨다는 이야기를 들었다. 내가 이룬 작은 꿈 하나가 나에게 든든한 조력자를 선물한 것이다.

"관장님 감사해요."

03 영화 보다가 혹은 책 읽다가 울기

★ 드림 캐치 ★   #4

 어쩌면 누군가에게는 너무나 쉽고 당연한 일일 것이다. 그래서 조금은 생뚱맞을 수도 있다. 나는 왜 이런 꿈을 적었을까? 아마도 나는 울고 싶었던 모양이다. 그럴 때가 있다. 어딘가 답답하고 타인과의 관계 속에서 어려움을 느끼고 하는 일도 잘 안 풀리고 하는 그런 때. 나는 시원하게 울고 싶었다. 하지만 눈물이 나지 않았다. 누군가를 상담하면서 내 앞에서 울고 있는 내담자를 보며

 '나도 저렇게 한 번 울어보고 싶다. 속 시원할 것 같아.'라는 생각이 들 정도였다. 그리고 이 꿈은 아주 우연한 기회에 이루어졌다. 이 꿈을 적은 뒤 시간이 흐르고 흘러 2014년 6월, 나는 〈우리들의 행복한 시간〉이라는 영화를 보게 되었다. 영화를 보며 깊이 빠져들었고 엉엉 울며 보다가 배우 강동원이 사형집행을 받기 전, 애국가를 부르는 장면에서는 오열했다. 한참을 울었다.

영화를 마치고 마음껏 울고 나니 마음이 편안해지는 기분이었다. 안정이 된 후에 오랜만에 꿈의 목록을 살펴보는데 오래된 내 꿈 하나가 의도치 않게 오늘 이루어졌다는 것을 깨달았다. 내가 만든 꿈의 목록이 어쩐지 나의 작은 마음까지 챙겨주는 느낌이 들었다. 꿈의 목록 덕분에 내 마음을 더 돌아볼 수 있었다.

* 영화 〈우리들의 행복한 시간〉 포스터, 출처 다음 영화

04 캐나다 다녀오기
로키산맥 다녀오기

★ 드림 캐치 ★

이 항목을 꿈의 목록에 적으면서 내가 사랑하는 사람들이 행복할 일을 하는 것이 나에게도 행복이 된다는 것을 알 수 있었다.

내 아내는 2남 2녀 중 셋째이다. 아내의 하나뿐인 여동생은 캐나다로 이민을 가서, 큰맘 먹지 않으면 동생을 만날 수가 없다. 때문에 아내는 평상시에 이런 말을 많이 했다.

"아~ 캐나다 가고 싶다. 동생 보고 싶다."

이런 이야기를 자주 들으면서도 처음에는 현실적으로 엄두가 나지 않았다. 거리도 멀었지만 아이들 셋을 키우고 있는 입장에서 결코 쉬운 일이 아니었고 일이 바빠설 여유가 없었다. 마음 한 구석에 늘 안타까움을 가지고 살아가던 때에 아내가 하던 일에 지쳐 일을 그만두게 되었다. 자신을 위한 시간을 보내게 됐음에도 아내가 동생을 계속 그리워하는 모습을 보며 아내를 반드시에 캐나다에 보내주어야겠다고 결심을 하게 되었다.

결심은 했다고 하더라도, 실행에 옮기는 것은 역시 쉬운 일이 아니었다. 세 명의 아이들과 동행해야 하는 것과 여행비용은 엄청난 문제였고, 무엇보다 나 스스로는 가고 싶다는 마음이 없었다. 그래서 처음에는 아내에게 아이들을 데리고 넷이서 다녀오라고 이야기했다. 하지만 동생을 만나고 싶어 먼 길을 떠나는 아내에게 세 명의 아이들을 맡기는 것은 생각하면 할수록 무리한 요구였다. 고민의 고민을 거듭하다가 결국 함께 가기로 결정했다.

그것도 운영하고 있는 회사가 가장 바쁜 7월에 말이다. 하지만 막상 그곳에 가기로 마음을 먹으니 생각이 조금씩 달라지기 시작했다. 캐나다를 대표하는 로키산맥에 호기심이 생겼고 캐나다에 간다는 사실에 점점 기대가 높아졌다.

그리고 우리 온가족은 캐나다행 비행기에 올랐다. 처음으로 11시간이라는 긴 시간동안 비행했는데 생각한 만큼 힘들지는 않았다. 정말 감사하게도 아이들도 그 시간을 잘 버텨주었다. 캐나다에 도착해 만난 처제 가족과 함께 한 시간도 의미 있었다. 멀리 떨어져 있으면 가족이라고 해도 멀게 느껴질 법한데 며칠 머무르는 동안 처제 가족과의 유대도 깊어졌다.

처제가 사는 곳에서 꼬박 12시간을 차로 달려 도착한 로키산맥, 그 자연은 너무나 아름다웠다. 넓은 공원, 바다, 산. 야생 속 사슴, 산양, 그리고 회색곰까지. 우리 가족은 평생 기억하게 될 추억을 이곳에서 함께 공유하게 되었다. 캐나다의 아름다운 자연과 처제가족과의 즐거웠던 나날이 여전히 생생하고 그립다.

05 월 급여 500만원 이상 벌기
★ 드림 캐치 ★

지금 내가 가지고 있는 꿈의 목록을 적은 시기는 내가 비정규직 학교사회복지사를 그만두고 교육회사를 창업한 지 얼마 되지 않았을 때였다. 한 달 동안 얼마를 벌었는지 통장을 확인해 볼 때마다 조급한 마음이 들었다. 사업을 시작한 지 얼마 되지 않았기 때문에 강의로 벌어들인 돈보다 투자한 금액이 훨씬 더 많았다. 당연히 마이너스였다.

결혼 후에 남편이 돼서 아내에게 용돈 한 번 제대로 챙겨주지 못한 것에 미안한 마음이 들었다. 꿈의 목록에 '한 달에 500만 원 벌기'를 적으며, 지금까지 한 번도 벌어본 적 없는 금액이지만 간절한 마음을 담았다.

적을 당시에는 이 꿈의 목록이 그해 11월에 이루어질 거라는 것은 상상도 하지 못했다. 온 마음을 쏟으며 행복하게 강의를 하나하나 진행하다 보니 에듀모션(교육회사)을 찾는 기관과 학교가 점점 많아지기 시작했다. 그렇게 2014년 11월. 마침내 500

만원을 벌겠다는 꿈이 열 번째로 이루어졌다. 그달 정산을 하고 나니 700만원을 번 것이다. 솔직히 놀랐다. 그리고 한 달 뒤에 나는 그보다 100만원을 더 벌어 월 800만원이라는 큰 수익을 낼 수 있었다.

 단순히 한 달에 500만원 한 번 벌어보고 싶다고 적은 것이 10개월 만에 이루어졌다. 놀라웠다. 이것을 가지고 모든 것을 판단할 수 없지만 내가 어떤 생각을 하고 있느냐 내가 어떤 것들을 기대하고 있느냐가 나의 현재의 삶에 큰 동기부여가 되고 그 동기부여가 된 것이 나의 삶에 긍정적인 영향력을 끼친다는 것이다. 월 30만원에서 800만원으로 엄청난 변화였다. 여기까지만 말하면 '내가 큰돈을 벌었구나'라고 생각할 수 있겠지만 그렇지는 않았다. 웃자고 하는 말은 아니지만 한 달 뒤 2015년 1월에 60만원을 벌었다. 방학에는 일이 많지 않기 때문이다. 어찌되었든 간에 이 사건은 단순히 꿈의 목록을 이룬 것으로 그치지 않고 나에게 큰 영향을 미치는 하나의 사건이 되었고 앞으로의 꿈의 목록을 이루는데 동기부여가 되는 사건이었다.

06 학생들을 가르치는 교수가 되고 싶었다

★ 드림 캐치 ★　　#43

2018년 3월 5일 13:00 대학교에서 첫 번째 강의 첫 수업이 시작되었다. 대학교에서 3학점 강의를 시작하게 된 것이다. 그것도 나의 모교인 나사렛대학교에서! 나는 학교사회복지론을 가르친다. 대학시절 내가 가장 좋아하는 과목이기도 했고 7년간 일했던 학교사회복지사로서의 경험을 학생들에게 전할 수 있게 되어서 정말 기뻤다.

대학 강의, 왜 꿈꾸게 되었을까?

나는 청소년, 청년, 부모, 교사 다양한 사람들에게 다양한 콘텐츠의 강의를 하고 있었다. 그러다 꿈의 목록을 쓰게 되면서 대학교에서 학생들을 가르치고 싶다는 생각을 하게 되었다. 특강이 아닌 정규 수업을 말이다. 학교사회복지사로 근무할 때, 여러 교수님들이 학교사회복지론 특강을 해 달라는 요청이 있었다. 그 특강들을 하나하나 해나가면서 행복하다는 생각이 들었다. 그리고 꿈꾸게 되었다.

박사도 아닌 나에게 이러한 기회가 오다니……. 나 역시도 굉장히 놀랐다. 학교현장에서 경험했던 다양한 경험들을 학생들에게 잘 전달하고 싶다는 생각으로 준비한 첫 강의의 오리엔테이션 후 나는 제자들에게 이야기했다.

"나의 꿈의 목록이 오늘 이루어졌다고"

학생들이 박수쳐 주었다. 내가 가지고 있는 기대감이 고스란히 학생들에게 전달되었고 학생들도 그것을 느껴준 첫 강의가 되었다. 대학에서 강의를 하는 교수가 되고자 했던 꿈이 이루어졌다. 하지만 나는 꿈을 이룸과 동시에 또 새로운 꿈이 시작되었다.

딱딱한 학문을 전달하는 것이 아닌 학교현장의 이야기를 더 전달하고 혼자 이야기하는 것이 아닌 함께 소통하는 강의를 만들어 나가는 교수가 되고 싶다는!

DREAM CATCHER

1장. 흔해빠지지 '않은' 꿈에 대한 이야기

이런 사람에게 드림캐처를 추천합니다

나,
이제 뭐하지?

공부도 안 되고, 되는 일도 없고, 미래가 막연하고,

아, 나 진짜 뭐 하지?

많은 사람들이 한 번쯤 해봤을 법한 고민들이다. 이런 고민을 하는 사람들은 자신이 하고 있는 일, 자신의 미래에 대한 확신이 없다. 나는 이런 사람들에게 드림캐처를 추천한다. 고민의 끝이 안 보인다면, 그 답은 결국 자기 안에서 발견해야 하는데, 드림캐처는 이 작업에 큰 도움이 된다. 드림캐처 프로젝트는 자신을 찾아가는데, 또 찾게 하는데 결정적인 역할을 한다. 크고 작은 꿈들 하나하나를 적어나가는 것만으로도 막연한 고민들에 대한 작은 답들을, 실마리들을 찾을 수 있을 것이다.

난 왜 사는 걸까?
뭘 해도 즐겁지 않아.

　우리는 평소에 '나'에겐 박하고 타인에겐 관대한 면이 있다. 이것이 의미하는 바는 무엇일까? 쉽게 설명하자면, 자기 자신의 즐거움을 위해 살아가는 일에 너무나 많은 조건과 빡빡한 기준을 부여한다는 이야기이다. 사례를 하나 들어보자. 어느 학부모를 만나서 상담을 진행했을 때, 꿈의 목록을 적어보도록 권유했다. 12개를 적었다. 그 중에 하나는 '커피숍에서 하루 종일 커피 마시면서 책 읽어보기'였다. 누가 봐도 마음만 먹으면 당장 할 수 있는 일이지만 이 학부모는 자신을 위해 그 일을 행하지 못하고 있었다. 내가 "그것을 하세요!"라고 말했을 때, 아이를 돌봐야 하고, 집안 살림을 해야 하는 등 이런저런 이유로 생각보다 쉽지 않다는 답변이 돌아왔다.

　자신의 삶에 동기부여가 되는 일은 개개인마다 다르다. 누군가는 카페에서 하루 종일 시간을 보내는 것이 즐겁고 또 다른 누군가는 여행을 통해 활력을 얻는다. 하지만 대부분의 사람들이 삶의 원동력이 되어주는 이러한 일들을 별로 중요하게 여기지 않는다. 그리고 나중에 '후회'를 한다.

'그 때 이렇게 살걸, 그 때 이런 선택을 했어야 했는데!'

이렇게 후회를 했던 사람들은 쉽게 변하지 못하고, 앞으로도 또 후회하는 삶을 반복하게 된다. 우리는 스스로 삶의 동기, 원동력을 끊임없이 부여해야 한다.

드림캐처 프로젝트는 내가 했을 때 행복한 일들, 즐거운 일들, 기대되는 일들을 꿈의 목록에 가득 채워나가는 것이다. 빼곡히 적은 이 크고 작은 꿈들을 하나씩 이루어 나갈 때의 기분은 정말 짜릿하다. 하지만 이 프로젝트가 모두에게 꼭 필요한 결정적인 이유는, 하나의 작은 꿈을 이루었을 때 내가 적은 이 많은 꿈들을 더 이루고 싶어 한다는 것이다. 드림캐처 프로젝트의 꿈은 모두 다 연결되어 있다. 작은 꿈이 다른 꿈들에게 더 이루고자 하는 동기부여를 시켜준다. 꿈의 목록을 적고 이루어가는 과정 속에서 자신도 모르는 사이에 큰 꿈도 이루어져 있는 것을, 당신은 보게 될 것이다.

하고 싶은 게 너무 많아!
어쩌지?

다양한 교육을 진행하면서, 이러한 부류의 사람들을 만난 적이 있다.

"저는 이것도 하고 싶고, 저것도 하고 싶고, 다 하고 싶어요!"

그들에게 그 중에서 가장 하고 싶은 게 무엇이냐고 물었다.

"다요."
"못 정하겠어요."

하고 싶은 게 너무 많은 것이다.

이런 사람들은 어느 정도 깊이 있는 자기 통찰이 안 되어 있는 경우가 대다수이다. 왜냐하면, 눈에 보이는 '좋아 보이는 것들' 가운데서 자신의 진로를 탐색해보는 것이 그들에겐 너무나 즐거운 일이기 때문이다. 하고 싶은 것이 너무 많아서 우선을 선택하기도 어려울 정도라면, 그저 좋아 보이는 것 이상의 것들을 생각해보지 않았다는 것을 의미한다. 내가 하고 싶어 하는 일의 가치라든지, 실제로 그 일이 어떤 일인지에 대해 모르는 경우가 많다는 뜻이다. 무언가를 하고 싶어 한다는 것은 좋은 일이다. 하지만 그냥 그 상태로만 쭉 지속된다는 것이 문제가 되는 것이다. 혹시 당신이 어떤 일에 대하여 구체화하지 못하고, 나아가지 못하고, 머물러 있다는 것은 자신이 하고 싶은 일에 대한 구체적인 통찰이 없는 수박 겉핥기만을 반복하고 있는 것일지도 모른다.

나는 이런 사람들에게도 드림캐처가 도움이 된다고 생각한다. 드림캐처 프로젝트는 일반적으로 꿈의 목록을 100개 이상 써보라고 권유한다. 하고 싶은 것이 정말 많다는 이들도 내가 하고 싶은 것을 100개 쓰는 것은 쉽지 않다. 하지만 이 작업을 하면서 자신이 하고 싶은 일들에 대한 고민을 하는 것 자체가 내면의 우선순위를 찾는데 도움이 될 것이다. 쓰는 과정 속에서 구체적인 생각을 하고 정리가 된다는 것이다.

다 적은 후에 내가 적은 것을 쭉 살펴보면, 똑같이 다 하고 싶은 일이지만, 그 목록들이 내 삶에 투영이 되면서 우선적으로 하고 싶은 것들이나 가장 빨리 할 수 있는 것들처럼 나름의 기준이 생기게 된다. 하고 싶은 것은 많은데 아무것도 하지 못하는 상황에서 작은 것들부터 이룰 수 있는 일련의 꿈 이루기 스케줄표가 만들어지는 것이다.

으, 지루해.
뭔가 새롭고 짜릿한 게 필요해!

 여기서, 도전에 대해 한 번 생각해보자. 도전이란, 천지가 개벽하는 완전히 새로운 뭔가 큰일을 하는 것이 도전이라는 뉘앙스의 인식을 갖고 있는 사람들이 생각보다 많다. 하지만 그저 한 번도 해보지 않은 일을 하는 것도 도전이 될 수 있다. 아주 작은 일도 말이다.

 예를 들면, 바다에 가서 스킨 스쿠버를 하기, 만원으로 일주일 살아보기, 다이어트하기 같은 이런 도전이 특별한 것이 아닌, 우리 삶의 일상적인 부분임을 깨달을 수 있었으면 좋겠다. 작은 것들을 하나하나 하다 보면, 어느새 더 큰일에도 도전할 수 있는 힘과 에너지가 내 안에 생긴다.

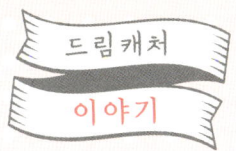

DREAM CATCHER STORY

2장. 이런 사람에게 드림캐처를 추천합니다

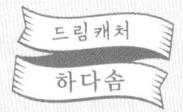

24살,
여전히 꿈꾸고 있는 이의 이야기

에펠탑 앞에서 사진 찍기

저는 아주 작은 꼬마였을 때부터 막연하게 꿈꾸던 것이 하나 있었어요. 그 작고 어린 것이 어디서 무얼 봐서 그런 꿈을 가졌는지 기억은 나지 않지만 늘 생각했습니다.

'나는 커서 꼭 에펠탑 앞에서 바게트를 먹을 거야!'

시간이 흐르고 흘러 꼬마가 고등학생이 되었을 때, 어떤 특이한 학교 상담 선생님을 만나게 되었어요. 그 선생님은 제가 하고 싶은 것, 되고 싶은 것, 이루고 싶은 것들을 모두 적어서 꿈의 목록을 만들어보라고 하셨죠. 거기에 적은 모든 것들을 이룰 수 있을 거라는 달콤한 말과 함께 말이에요. 솔직히 처음에는 반신반의했지만, 속는 셈 치고 해보자 하는 마음으로 정말 사소한 것부터 터무니없는 것까지 모든 것을 적었어요. 그런데, 그 중 첫 번째로 뭘 적었는지 아세요? 바로 〈에펠탑 앞에서 사진 찍기〉에요.

스스로 500만 원을 벌어서 한 달 동안 유럽여행을 가겠노라, 아주 구체적으로 적었어요. 그리고 그 꿈은 22살의 여름, 이루어졌습니다. 정신없이 대학교 1, 2학년을 마치고 나니 잊고 있었던 저의 꿈들이 떠올랐어요. 저는 아주 작은 꿈 하나조차도 이루지 못하는 의미 없는 삶에 무척이나 지쳐있었거든요. 그 순간, 신기하게도 지금이 바로 꿈을 이룰 시간이라는 확신이 들었고 저는 곧바로 준비를 시작했어요. 절대 휴학을 허락하시지 않을 것 같던 부모님은 확고한 제 의지를 보시고는, 시간을 버리지 말라는 말과 함께 휴학을 허락하셨어요.

다음으로 500만 원을 벌 수 있는 일자리를 구해야 했어요. 원래 하고 있던 아르바이트는 그만두고, 큰돈을 벌기 위해 태어나서 처음으로 '단기 계약 사무직'에 도전하게 되었어요. 모든 일이 그렇듯 처음에는 적응하는 것조차 힘들었지만, 여행을 가겠다는 꿈은 저를 얼마든지 달리게 하는 원동력이 되어 주었어요. 그렇게 5개월이 조금 넘는 시간을 쉴 새 없이 달리고 나니, 제 손에는 평생 쥐어본 적도 없던 500만 원이 떡하니 올라와 있었어요. 저는 그 돈을 들고 대학 친구와 함께 한 달간의 유럽 여행을 떠났어요.

일도 많고 탈도 많았던 유럽 여행의 끝자락에 서는 에펠탑을 보게 되었어요. 그토록 보고 싶던 에펠탑을 실제로 눈에 담았을 때, 저는 눈물이 났어요. 사람이 정말 오랜 시간 간절히 원하던 것을 이루었을 때 느끼는 그 복합적인 감정은 형언하기가 힘들 정도였어요. 기쁘면서도 가슴 한편이 찡해오는, 그래서 눈물이 나는 그런 감정을 어떻게 다 말로 설명할 수 있을까요.

한 가지 분명한 것은, 저는 꿈을 적었고 이루었다는 것입니다. 단지 적는 것만으로 꿈이 이루어지는 것은 아니에요. 하지만, 적었기 때문에 꿈을 이룰 수 있었던 것은 확실합니다. 적었기 때문에 꿈에 대한 확신을 가질 수 있었고, 꿈으로 나아가기 위한 원동력을 얻을 수 있었어요. 일단 적어보세요, 적는 순간부터 우리는 꿈에 가까워지고 있는 것이니까요.

한 달 간의 유럽여행은 아마 죽기 전까지 결코 잊지 못할 거예요. 물론 여행을 사랑하는 저는 앞으로도 새로운 여행지를 꿈의 목록에 적어가겠지만요.

여기서 제 꿈의 목록을 소개해볼까 해요. 여행 이야기만 늘어놓아서 굉장히 거창해 보이지만, 사실 저는 삶에서 작은 것 하나도 완벽하게 실천하지 못하는 무계획자랍니다. 무엇이든 즉흥적인 걸 좋아하다 보니 생각만 하고 이루지 못한 일이 정말 많았다는 걸, 꿈의 목록을 작성하면서 알게 되었어요. 여전히 즉흥적인 삶을 살고 있지만 꿈의 목록을 적으면서 즉흥적인 삶에 작은 목표들이 많이 생겼습니다.

최근에 추가한 목록들과 현재 진행 중인 제 꿈의 목록입니다.

☆ 자막 없이 일본 애니 보기
☆ 일본 가서 일본 사람이냐는 질문 받기
☆ 성경 1독
☆ 컴퓨터 게임 하나 배워서 잘해보기
☆ 운전 마스터! 혼자 드라이브 가기
★ <u>스냅촬영 모델 되어보기</u>
☆ 예쁜 생활 한복 사기
☆ 타투하기
☆ 네일아트 받기

이 밖에도 정말 많지만 현재 진행 중인 것들만 간단히 추려봤어요. 저는 일본 애니 보는 것을 무척이나 좋아해요. 일본의 음식도 좋아하고 애니메이션을 통해서 일본의 문화도 많이 배우고 있어요. 그러다보니 자연스레 언어에도 관심이 생겼습니다. 취미생활처럼 일본어 공부를 하고 싶어서 일본 영화나 애니메이션을 보

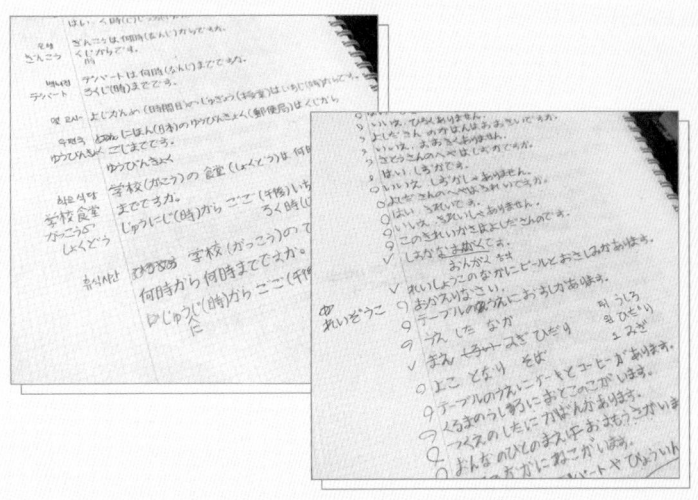

는 것 외에 방문학습지를 통해 일본어를 배우고 있습니다. 언젠가 일본 여행을 할 때 유창한 일본어를 사용해서 현지인에게

"あなたは日本人ですか?"(당신은 일본인입니까?)

라는 질문을 받는 것이 제 최종 목표랍니다.

다른 꿈을 하나 더 소개해볼까요? 이게 왜 꿈이지 하고 의아하실 수도 있을 법한 '네일아트 받기'에 대해 이야기해 볼게요. 저는 19살 수능이 끝난 후부터 현재 24살이 될 때까지 쭉 아르바이트를 해왔습니다. 그 5년 동안 아르바이트를 쉬어본 기간은 기껏해야 3개월 정도인 것 같네요. 제가 했던 아르바이트는 모두 식품을 판매하는 업종이었습니다. 식품 관련업에 종사하는 알바생에게 네일아트는 절대 금지입니다. 피자집, 피씨방(라면, 소시지, 만두 등 PC방에서도 음식을 팔죠), 카페, 찻집까지 줄곧 이런 일만 해왔던 저는 지금까지 네일아트를 제대로 받아본 적이 한 번도 없어요. 현재도 아르바이트를 계속 하고 있어서 제 손톱은 언제나 대충 길이만 짧게 잘라놓은 고유의 피부색만을 유지하고 있습니다. 언젠가 가까운 시일 내에 아르바이트를 그만둔다면, 제일 먼저 네일아트를 받으러 갈 거예요. 가서 당당하게 말할 겁니다.

"가장 비싸고 예쁜 걸로 해주세요!"

마지막으로 한 가지 더! 이번에는 제가 이룬 꿈에 대해 나누어 볼게요. 바로 '스냅촬영 모델 되어보기'입니다. 스냅촬영이 어딘가 생소한 사람들도 있을 것 같은데 쉽게 설명하면, 전문 사진작가를 섭외해서 야외나 특정 실내 촬영장에서 '저를 찍어주세요.'라고 요청하는 것입니다. 연예인들이 화보를 찍는 것처럼 일반인이 촬영 모델이 되는 거예요. 사람은 모두 아름답지만 스스로 생각하기에 가장 아름다운 시기는 각각 다를 것이라고 생각해요. 물론 그 시기가 여러 번일 수도 있을 거예요. 저는 지금까지 중에 가장 아름답다고 생각하는 현재를 사진으로 남겨두고 싶었어요. 스물넷, 미래에 대한 확신도 없고 무언가 준비만을 하고 있는 애매한 나이이지만 그렇기에 반짝반짝 빛나는 순간을요. 저는 사진 찍는 것도 좋아하고 찍히는 것도 좋아하지만 막상 작가님을 고용하고 나니 모델이 된다는 것에 부끄럽고 긴장이 돼서 뒤늦게 걱정을 많이 했어요.

'내가 잘할 수 있을까? 사람 많은 곳에서 너무 창피할 것 같은데……. 옷은 뭘 입어야 하지? 표정이 어색하면 어떡하지?' 그래도 기왕 꿈의 목록에 적은 건데 완벽하게 하나 이뤄야 멋있잖아요? 작가님과 중간 중간 장소에 대해서도 의상에 대해서도 상담을 지속적으로 하며 열심히 준비했어요. 촬영 당일 가장 예쁜 내가 되기 위해 매일매일 팩도 하고 다이어트도 하면서요.

그리고 촬영 당일, 저는 작가님과의 약속 장소로 향하는 내내 속으로 주문을 외웠어요.

'괜찮아, 오늘 나는 예뻐. 지금까지 중에 제일 예뻐!!'

촬영은 생각보다 아주 순조롭게 이어졌습니다. 주문이 효과가 있었는지, 초반에는 좀 어색했지만, 하다 보니 제 특유의 자연스러운 웃음이 저절로 새어나왔습니다. 실제로 카메라를 들고 촬영한다고 쳐다보는 사람도 없었구요. 누구도 나를 신경 쓰지 않는다고 생각하니 촬영은 점점 재밌게만 느껴졌습니다. 두 시간 가량의 촬영을 마치고 결과물은 말할 것도 없이 대만족이었습니다. 부끄럽지만 살짝 공개할게요.

어떤가요? 잘 나왔나요?

꿈의 목록을 작성하고 이렇게 이루어가면서 저는 인생의 모토를 정했어요.

"하고 싶은 건 다 하고 살자. 당장 내일 죽어도 후회하지 않게!"

하고 싶은 일이 거창한 일이든 사소한 일이든 한 번 사는 삶인데 다 해보는 게 좋겠죠? 그러기 위해서는 내가 하고 싶은 크고 작은 일들이 무엇인지 아는 것도 중요하구요. 그래서 저는 꿈의 목록을 만들고 실천하고 있습니다. 당신의 꿈은 무엇인가요?

형용사 찾기

나에게 해당하는 단어의 형용사에 동그라미를 그려주세요.
만약 더 쓰고 싶은 형용사 있다면 빈칸에 채워 주세요.

직설적인

씩씩한 유쾌한

허당기 있는

절약하는

활발한 외향적인 내성적인

열정적인 호기심이 많은

즉흥적인 여유있는 불안한

소심한

배려심 많은 꼼꼼한 느긋느긋한 게으른

도전적인 사려가 깊은 행복한

재빠른

부드러운 창의적인

기운없는 부정적인

솔선수범하는

정직한 감수성이 풍부한

심술이 가득한

즐거운 호기심이 많은

싱글벙글하는 용감한 게으른

외로운

지루한 공감하는 부지런한 똑똑한

통이 큰

까칠한

이성적인 사교적인

주도면밀한 현실적인

협동심이 있는 사랑이 많은

감정적인

긍정적인

쑥스러운 다혈질인

부정적인 친절한

나를 표현하는 해시태그 ME

자신을 잘 표현 할 수 있는 단어를 해시태그로 표현해 보세요.

나를 표현하는 해시태그 YOU

다른 사람이 나에 대해 적어주는 해시태그

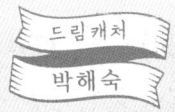

'반복이 반전을 만든다.'
일반인의 보디 프로필 도전기

 남녀노소 할 것 없이 누구나 한 번쯤은 '몸짱'이 되는 것을 꿈꿔본 적이 있지 않나 싶다. 나도 그랬으니깐. 운동을 하는 헬스장에 들어갈 때면 모든 사람들의 시선을 저절로 이끄는 건강미 넘치는 트레이너들의 보디 프로필을 보며 늘 감탄했었다.

 그러던 어느 날, '나도 해볼까?, 나도 할 수 있을까?'라는 생각을 하는 동시에 한번 꽂힌 일에는 누구보다 빠른 추진력을 보이는 내 머릿속에는 벌써 '나도 해보자.'라는 결론을 내리고 있었다. 쇠뿔도 당긴 김에 빼라는 말처럼 나는 그날 헬스장에 들어가서 조금은 멋쩍은 태도로 "저 보디 프로필 찍고 싶어요."라고 말을 하고 바로 담당 트레이너와 함께 운동 계획을 세웠다. 그렇게 무언가에 홀린 듯 나는 평범한 사람의 비범한 도전을 시작하게 되었다.

　그날은 바로 2018년 01월 01일. 그날부터 바로 혹독한 식단 조절과 운동에 몰입하였다. 식사는 무조건 닭 가슴살과 고구마로 하였고, 일주일 중 6일을 하루에 6시간씩 운동하였다. 맛있는 음식을 싫어하는 사람이 어디 있겠냐만, 누구보다 먹는 것을 좋아하는 내게 식단 조절은 결코 만만한 일이 아니었다. 대명절인 설날에도 명절음식의 유혹을 이길 자신이 없어 나 홀로 집에 있었고 생일날에는 내 생일인데 정작 생일을 축하하는 자리에서 나를 위한 케이크 한입도, 일반적인 밥 한 숟갈도 먹지 못했다.

　가장 위기였던 순간은 제주도 출장을 갔을 때였다. 많은 학생들과 교수님, 회사 동료들과 함께 제주도로 출장을 갔는데 많은 사람들이 제주도에서만 맛 볼 수 있는 맛있는 음식들을 먹을 때 혼자 바리바리 챙겨온 고구마와 닭가슴살만 먹는데, 문득 "나 이렇게까지 해야 하나?"하는 생각이 들었다. 다른 사람을 탓하거나 원망할 수도 없었다. 내가 선택하고 결심한 것이기 때문에 그 상황에서 나에게 다시 한 번 동기부여를 해주고 힘을 실어 줄 사람은 바로 나 자신뿐이었다. 그래서 그 순간 그토록 간절히 원하던 꿈을 이루고, 나의 꿈의 목록에서 '보디 프로필 촬영'이라는 목록에 밑줄을 쫙 긋는 모습을 상상하고 되뇌었다. 보디 프로필 촬영이라는 꿈을 이루며, 앞으로 인생을 살아갈 때 내 인생에 교훈이자 도움이 될 만한 세 가지 귀한 깨달음을 얻게 되었다.

첫 번째는 "나도 할 수 있을까?"가 아닌 "나도 할 수 있어"라는 것이다. 솔직히 보디 프로필을 준비하는 과정에서 시작은 "나도 할 수 있어"라고 당당하게 말하였지만, 몸도 마음도 힘들 때는 "역시 아무나 하는 게 아니었어. 나 같은 게 무슨 보디 프로필이야."라고 생각한 적도 있었다. 그럼에도 불구하고 다시 마음을 붙잡고 하루하루 최선을 다한 끝에 꿈을 이루고 보니 발견한 놀라운 사실은 아무나 할 수 없는 그 꿈을 이룬, 바로 그 아무나가 '나'라는 것이었다.

두 번째는 꿈을 이루는데 있어서는 반드시 주변에 함께 하는 사람들이 있다는 것이다. 꿈을 포기하지 않게 도와주는 장치로 나는 SNS를 택하였다. SNS에 도전의 과정을 매일 게시하였었는데, 그때마다 "할 수 있어.", "잘 하고 있다.", "꿈을 이루는 모습 멋있다." 등의 진심어린 응원 한마디 한마디들이 시기 적절하게 엄청난 힘이 되었었다.

세 번째는 반복이 반전을 만든다는 것이다. 몸을 만드는 과정이 매일 노력한 만큼 바로 바로 티가 나면 좋으련만, 무지 더디게 변화하는 몸을 보며 답답하기도 하고 내가 지금 잘 하고 있는 건지 의심스럽기도 하고 촬영 날까지 변화가 희미하면 어떻게 하지 불안하기도 하였다. 하지만 내가 할 수 있는 것은 하루하루를 최선을 다하고 반복하는 것이었다. 그렇게 하루가 모여, 반복이 모여 나의 몸은 누가 봐도 입이 떡 벌이질 만큼의 멋진 몸이라는 결과물로 나타나주었다.

지금까지 "일반인의 보디 프로필 도전기를 담아낸 박해숙의 드림캐처 이야기였습니다."

2장. 이런 사람에게 드림캐처를 추천합니다

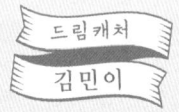

보이는 대로, 보고 싶은 대로, 보여주고 싶은 것

〈사진전용 SNS 만들기〉

 나의 꿈의 목록을 생각했을 때 크고 작은 여러 가지가 생각났다. 친구와 여행가기, 봉사하기 등 여러 가지가 생각이 났는데 이런 것들도 좋지만 이번 기회에 나의 취미를 통해 무언가를 해보고 싶다는 생각이 들었다. 나의 취미는 여러 가지가 있는데 그 중 '사진'을 통해서 무언가를 해보면 어떨까 하는 생각이 들었다. 이것저것 생각해 보다가 요즘에 우리들이 가장 쉽게 접할 수 있는 SNS를 이용하면 좋겠다는 생각이 들어서 '사진전용 SNS 만들기'라는 꿈의 목록을 정했다. 다른 사람들이 보면 그게 무슨 꿈의 목록이냐 할 수도 있겠지만 나에게 사진은 정말 의미있는 것이고 그것을 사람들에게 보여준다는 것은 더 의미있는 꿈의 목록이였다.

나는 지금 컴퓨터를 전공으로 하고 있는 대학생이다. 대학교에 들어오기 전 나는 하고 싶은 것도 없었고 무엇을 하고자 하는 것도 없었다. 오직 취업을 위해 컴퓨터를 전공하기로 마음을 먹고 진학을 했기 때문에 마음도 몸도 많이 힘들었던 시기가 있었다. 그렇게 대학교를 다니다가 언젠가부터 풍경 사진을 찍기 시작했다. 나는 사진을 찍으면서 내 마음이 편안해지는 것을 느낀다.

카메라로 사진을 찍을 때는 보이는 대로, 보고 싶은 대로, 또 내가 보여주고 싶은 것들을 카메라에 담을 수 있기 때문이었던 것 같다. 아무것도 하고 싶은 게 없었고 스트레스를 풀 곳이 없었던 나에게 사진은 나에게 큰 의미로 다가왔다. 그렇기 때문에 이 꿈의 목록은 나에게는 정말 의미 있었고 나만 보고 느끼던 것들을 사람들에게 보여주는 것은 새로운 도전이었다.

내가 선택한 SNS는 바로 '인스타그램'이다. 요즘 사람들이 많이 사용하고 또 태그를 통해 여러 사람들이 나의 사진을 쉽게 볼 수 있을 것 같았다. 하지만 처음 계정을 만들고 사진을 올렸을 때 '누군가 내 사진을 보기나 할까?', '보고 못 찍었다고 생각하면 어떡하지?' 여러 생각들이 들었다. 하지만 많은 사람들은 아니지만 몇몇의 사람들이 내 사진을 보고 '좋아요'를 눌러주고 나의 시선으로 본 세상을 사람들에게 보여줄 수 있다는 것에 기쁨과 또 감사함을 느꼈다. 그리고 나 또한 내가 찍은 사진을 올리고 그날의 하늘이나, 달, 또는 다른 여러 추억을 남길 수 있어서 정말 좋았다.

내가 이 계정의 이름을 miniro로 한 이유는 나의 사진으로, 내 사진 속에 내가 담은 것들을 보고 위로를 받거나 또는 더 슬퍼지더라도 마지막에는 나와 같은 편안한 마음을 가졌으면 좋겠다는 생각이 들었기 때문이다. 지금은 아주 가벼운 마음으로 사진을 찍고 올리고 사람들에게 보여주곤 하지만 나중에는 정말 진지하게 내가 하고 싶은 말과 감정들을 사진 속에 더 잘 담고 싶다.

나는 이번 기회를 통해 내가 사진을 찍는 것과 나의 사진에 대해 더 생각해 볼 수 있었던 계기가 됐었던 것 같다. 나는 꿈의 목록을 적을 때 큰 꿈을 적는 것도 물론 좋지만 가끔은 이렇게 간단한 작은 꿈의 목록이라도 나에게, 또는 다른 사람에게 좋은 영향력을 끼치고 내가 행복하고 의미가 있다면 그것 또한 어떤 것들과 비교할 수 없는 나만의 꿈의 목록이 아닐까 생각한다.

> 큰 꿈을 적는 것도 좋지만 가끔은
> 이렇게 간단한 작은 꿈의 목록이
> 나에게 또는 다른 사람에게
> 좋은 영향력을 끼치게 되길.

김민이의 꿈의 목록

☆ 셀프 인테리어 해보기

☆ 가장 친한 친구와 3개월 이상 해외여행 가기

☆ 자취하기

☆ 태권도 검은띠 따기

☆ 사랑하는 사람들과 내가 직접 요리한 음식들로 파티하기

☆ 작사 작곡해보기

☆ 영상제 나가서 입상하기

☆ 유기견, 유기묘 보호소 만들기

☆ 5000만 원 기부하기

☆ 내가 찍은 사진으로 전시회 열어보기

나의 장점 100개 쓰기

내 장점이 100개나 있다고? 쉽지는 않겠지만 곰곰이 생각하다 보면 나의 장점 100개를 발견할 수 있을 거예요. 나에 대한 시선과 타인에 대한 시선 부정적인 시선 또한 바꿀 수 있는 장점. 한번 써보세요.

1.
2.
3.
4.
5.
6.
7.
8.
9.
10.
11.
12.
13.
14.
15.

16.
17.
18.
19.
20.
21.
22.
23.
24.
25.
26.
27.
28.
29.
30.
31.
32.
33.
34.
35.
36.
37.

38.
39.
40.
41.
42.
43.
44.
45.
46.
47.
48.
49.
50.

한 번에 다 채우지 않아도 괜찮아요.
책을 가지고 다니며 생각날 때마다 적어보세요!
주변 사람들에게 내 장점이 무엇인지 물어보는 것도 좋아요.
내가 몰랐던 나의 좋은 점을 알 수 있을 거예요.
그럼 조금 쉬었다가 다시 적어볼까요?

드림캐처가 된
당신의 내면은 성장 중!

드림캐처가 되어 꿈의 목록을 실천하면서 깨달은 것이 있다.
별로 특별하지 않을 것 같은 꿈의 목록이
나의 내적 성장을 도모하고 있다는 것이다.
지금부터 꿈의 목록을 쓰기 위한 꿀팁과 함께
꿈의 목록이 가져다주는 효과에 대해 소개하고자 한다.

내면의 이야기 듣기 : 혼잣말의 비밀

정신없이 일상을 지내다가도 우리는 모두 이런 경험을 한다.

'아~ 이거 하고 싶다.'
'거기 가면 좋을 텐데'
'이거 사고 싶다!'

이와 같은 여러 가지 내면의 이야기들을 내뱉는 것. 흔히들 이것을 혼잣말이라고 한다. 그런데 이 혼잣말을 자세히 들여다보면, 사실은 '내가 나에게 하는 메시지'라는 것을 알 수 있다. 이 메시지는 생각보다 정말 중요한 것이다. 예를 들어보자. 아무도 없는 곳에서 혼자 갑자기 "너무 힘들다"라고 이야기를 하고 있다면 내 안에 내가 나에게 "이제 좀 쉬어줘."라고 이야기를 하고 있는 것이다. 그런데도 대부분의 사람들은 이런 자신 내면의 이야기에 귀를 기울이지 못한다. 나 역시도 혼잣말을 별 의미 없는 말로 여기고 시간이 지난 후에 그런 생각을 했다는 것 자체도 기억하지 못할 때가 많다. 혼잣말을 하고 내면의 이야기를 듣는 것에는 사실 엄청난 비밀이 숨어 있다.

인간은 보통 다양한 경험을 통해 성장하곤 한다. 경험에서 얻게 되는 내적인 깨달음을 통해서 변화되기 때문이다. 자신이 하는 내면의 이야기에 귀를 기울인다는 것은 스스로 내적인 깨달음을 얻는 과정을 말한다. 귀를 기울이는 것을 넘어서 그것을 실천한다면, 자기 자신과의 관계는 당연히 좋아지기 마련이다. 즉, 자신을 잘 아는 사람이 될 수 있다는 것을 말한다. 이런 사람들의 특징은 자존감이 무척 높다. 자기 안에 있는 알 수 없는 엄청난 에너지를 자기 자신을 위해 사용할 수 있기 때문이다.

우리는 모두 내면에 강력한 에너지를 가지고 있다. 어떤 특정 분야에 미쳐있는 사람이 바로 이 강력한 에너지를 십분 활용하는 사람이다. 자신의 내면에 있는 에너지를 활용해서 자신이 미쳐있는 영역에서 100%의 성취를 이룰 수 있는 것이다. 우리 안에 있는 에너지를 어떻게 하면 최대치로 끌어올릴 수 있느냐, 바로 줄곧 강조해왔듯이 내면의 이야기에 귀를 기울이는 것이다. 드림캐처들은 자신의 내면에 이야기에 귀를 기울이고 그것들을 꿈의 목록에 바로 적으며 스스로 크고 작은 꿈에 동기부여를 하는, 내면의 에너지를 활용하는 사람들이다.

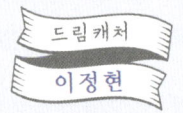

55세,
꿈 꾸기 좋은 나이

많은 사람들 앞에서 말을 하는 일을 해보고 싶었어.

저는 약 20년간 가게를 운영해온 자영업자입니다. 그 동안은 특별히 꿈이라고 할 수 있는 무언가가 없었던 시간들이었어요. 하루하루를 바쁘게 장사를 하면서 살았고, 나의 꿈이 뭐였는지 곰곰이 생각해 볼 수 있는 여유가 없었다고 생각합니다.

작년에 오래 운영해 오던 가게를 접으면서 무엇을 하면 좋을까? 고민에 빠졌습니다. 가게를 접게 된 가장 큰 이유는 많이 약해진 건강 때문이었습니다. 내가 하고 싶은 게 어떤 거였지? 라고 오랜 시간 생각해 보니 저는 누군가 앞에서 제 이야기를 하는 사람이 되고 싶다고 생각했어요.

'많은 사람들 앞에서 말을 하는 일을 해보고 싶다'

그렇게 1년 동안 열심히 웃음치료, 레크리에이션, 부모교육 등 자격증을 따고 준비했습니다. 컴퓨터를 보는 방법도 책을 보면서 시험을 공부하는 것도 처음엔 쉽지 않았어요. 하지만 열심히 하려고 생각했고, 처음엔 어려웠지만 즐겁게 할 수 있도록 노력했습니다. 드디어 처음으로 많은 사람들 앞에서 이야기를 하게 되었습니다.

'하하호호 웃음소통'을 통해서 노인복지관에서 매주 이야기를 나누고 있어요.

❝
2017년을 약 2주 앞 둔 지금 내년의 나는
어떤 꿈을 꾸고 있을지 기대가 됩니다.
-55세 첫 웃음강의를 시작한 엄마가-
❞

나의 장점 100개 쓰기

나의 장점 나머지 50가지를 모두 채워보세요!

51.

52.

53.

54.

55.

56.

57.

58.

59.

60.

61.

62.

63.

64.

65.

66.

67.

68.

69.
70.
71.
72.
73.
74.
75.
76.
77.
78.
79.
80.
81.
82.
83.
84.
85.
86.
87.
88.
89.

90.

91.

92.

93.

94.

95.

96.

97.

98.

99.

100

100가지를 다 적어보니 어떤가요?

이곳에 적은 당신의 100가지 좋은 점은 앞으로 꿈의 목록을 적고 이루는데 큰 자신감을 불어넣어 줄 것입니다.

큰 꿈만이 내 꿈이 되지 않는다

먼 나라 이웃나라 호주
〈오페라하우스를 보겠다는 일념 하나〉

먼 나라 이웃나라 호주, 오페라하우스를 보겠다는 일념 하나로 5~6개월을 학교와 알바를 병행하며 400만원을 모았다. 학생에겐 큰돈이었지만 좋은 비행기는 탈 수 없었고, 좁아터진 비행기를 타고 열 몇 시간이 넘는 비행을 했다. 그리고 비로소 오페라하우스를 봤을 때, 6개월간의 고생조차 추억으로 변해있었다. 이루고자 하는 것을 위해 '자유'를 희생하고 그 희생으로 인해 '추억'을 얻었다. 의미 있는 여행이었다.

나풀나풀 천 쪼가리에 목숨을 맡겼다.
〈패러글라이딩을 통해 마주한 세상〉

 도전. 나풀나풀하는 천 쪼가리에 목숨을 맡겼다. 도약지점에 섰을 때, '나는 아직 하고 싶고, 가고 싶은 곳이 많은데.'라는 생각에, 고소공포증은 없지만 발걸음이 떨어지지 않았다. 3분 정도 고민했을까, '에라. 모르겠다' 하는 생각으로 절벽으로 냅다 달렸고, 바람을 타고 떠올랐을 때 마주한 세상에 말을 잇지 못했던 것 같다. 두려움에 맞서 용기를 내었고, 그만한 대가를 얻었다. 나는 이 도전을 통해 두려움에 대처하는 법을 몸소 체험하게 되었고, 세상에 한 층 발을 내딛었고, 더욱 더 성장하게 되었다.

**내 평생 언제 헬기를
타 보겠어?
〈내가 그 때 돈을
쓰는 것에 망설이고
도전하지 않았다면〉**

 호주 여행 중, 죽기 전 꼭 봐야 한다는 '그레이트 오션로드'를 가게 되었다. 정말 진짜 엄청난 자연광경에 넋을 놓고 있을 때, 하늘에 날아다니는 헬기를 보게 되었다. 그리곤 투어가이드 도널드의 영업으로 인해 "그래, 내 평생 언제 헬기를 타보겠어, 그치?" 하며 친구랑 과감히 30만원을 질렀다. 그리고 그 과감함에 대한 가치는 정말 엄청났다. 만약 내가 그 때 돈을 쓰는 것에 대해 망설이고 이 도전을 하지 않았다면, 지금의 나는 없을 것 같다. 내가 정말 하고자 하는 일에 망설임 없이 투자하는 것. 요즘의 청년들에게 필요한 마음가짐인 것 같다. 나는 나의 성장을 위해 앞으로도 끊임없이 투자할 것이며 이러한 경험들로 남들보다 더욱 더 성장해 나갈 것이다.

```
① 비 오늘 날 비 맞으면서 놀기
② 친한 친구들이랑 해외여행 가기
③ 수석해보기
④ 카메라 사기
⑤ 가족사진 찍기
⑥ 강의해보기
⑦ 영어회화배우기
⑧ 하루 금식해보기
```

위의 꿈의 목록은 최근에 내가 이룬 꿈들을 모아둔 것이다. 사실 여행이나 패러글라이딩은 큰 용기와 결심을 가지고 도전했기 때문에 이룰 수 있었다. 하지만 드림캐처는 그런 꿈만을 꿈이라고 이야기하지 않는다.

"비오는 날 비 맞으면서 놀기"

조금은 미친 것 같은 꿈의 목록이지만 한 번쯤은 해보고 싶었던 일 중에 하나였다. 모두들 한 번쯤은 생각해보지 않았을까? 비가 쏟아지는 날에 비를 맞아보고 싶다고. 그저 너무나도 평범한 하루의 끝자락에 나는 이 미친 꿈을 이뤘다. 알바가 끝난 뒤 밖에 나와 보니 비가 주룩주룩 내리고 있었다.

'이걸 어쩌지, 우산을 살까……'

이런 생각을 하던 찰나, 집에 있는 수많은 비닐우산들이 생각났다. 매번 비오는 날 새로이 우리 집 우산통에 들어오던 색색의 우산들. 결국 내가 내린 결론은 '어차피 알바도 했고, 그냥 비 맞고 가지 뭐'였다.

그렇게 빗속으로 발을 내디뎠고 주룩주룩 내리던 비는 천천히 내 옷과 머리를 적셔갔다. 그 때 왠지 아무 것에도 얽매이지 않은 자유로운 영혼이 된 느낌을 받았다. 순간의 일탈. 그 누구도 나를 옥죄지 않았지만 사회에서 느껴지는 답답함으로부터 잠깐의 자유로움을 느낄 수 있었던 경험이었다. 큰 꿈만이 내 꿈이 되지 않는다. 작은, 소소한 꿈들도, 작은 바람도 꿈이 되고 큰 경험이 될 수 있다.

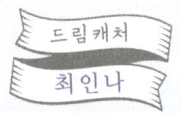

놓치지 않는다면
언젠가는 이루어진다

학교사회복지사로 학교에서 아이들 만나기

'얘들아 안녕, 복지쌤이야!!'

청소년 시절 저는 주변에 어려움을 겪고 있는 친구들이 많이 있었습니다. 그 당시에 제가 다니는 학교에는 어려움을 겪는 친구들에게 의지가 되는 어른은 없었죠. 그래서 막연하게 내가 어른이 된다면 청소년들이 가장 오랜 시간 동안 있는 학교 안에서 그들에게 의지 될 수 있는 어른이 되고 싶다는 생각을 했습니다. 그렇게 사회복지학을 배우면서 학교 안에는 아이들이 건강한 학교생활을 할 수 있도록 돕는 '교육복지사', '학교사회복지사'가 있다는 것을 알았습니다.

그 때 저는 저의 꿈을 정했습니다.

학교사회복지사로 학교에서 아이들을 만나야겠다고.

* 놓지 않는다면 언젠가는 이루어진다 *

그 후 저는 제가 어디에 있었던 간에 그 꿈을 놓지 않았습니다. 비록 학교 안에서 아이들을 만나지 못하더라도 그 당시 지금 있는 그 자리에서 최선을 다했습니다. 그리고 저의 꿈이 이루어졌습니다. 저에게 부산이라는 먼 지역에서 가장 소중한 학교, 아이들을 만나는 기회가 찾아왔기 때문이지요. 오늘은 아이들이 복지실에 와서 무슨 얘기를 할까? 오늘은 아이들과 무슨 일이 있을까? 기대로 가득 찬 하루하루가 늘 설레고 기쁩니다.

학교 안에서 너희가 힘들 때 생각나는 사람이길.
너희가 믿을 수 있는 사람이길.

마음을 담아 오늘도 아이들에게 인사합니다.
!!!!애들아 안녕, 복지쌤이야!!!!

꿈의 목록 작성법

드림캐처 꿈의 목록을 작성하는 방법은 어렵지 않습니다. 지금 읽고 있는 책을 쭉 따라 읽으며 자신이 무엇을 좋아하는지 무엇을 잘하는지 끊임없이 고민해보세요. 이 때 최대한 자세히 고민해야 합니다. 단순히 친구만나기, 맛있는 것 먹기보다는 '까르보나라 먹기'처럼 구체적으로 적는 것이 꿈을 더 이루고 싶게 만들어 주거든요. 그리고 고민한 것들을 생각에서 그치는 것이 아니라 책에 바로바로 적어보세요.

책을 다 읽었을 때 당신은 수 백 가지의 꿈을 적고 있을지도 모릅니다.

꿈의 목록의 좋은 예 나쁜 예

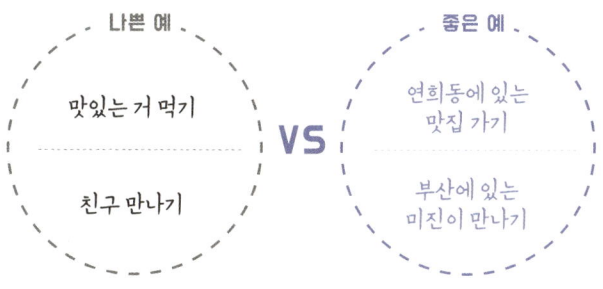

꿈의 목록 작성TIP

🌟 평소에 가고 싶은 곳, 하고 싶은 일을 많이 많이 생각한다.

🌟 생각이 났다면, 바로 〈꿈꿀 시간이 어딨어? 바빠 죽겠는데〉를 펴고 적는다.

🌟 틈틈이 나의 100가지 장점을 적으며 꿈을 이룰 수 있다는 자신감을 얻는다.

🌟 꿈의 목록을 하나하나 이뤄가며 소소한 꿈들이 주는 행복을 즐긴다.

🌟 이룬 꿈을 일기처럼 책에 기록한다.

내가 나에게
질문하기

    당신은 살면서 수많은 사람들과 대화를 나누게 된다. 많은 사람들이 나에게 질문을 하고, 나도 다양한 사람들에게 질문을 하며 살아가는 것은 굉장히 일상적인 일이다. 그 무수한 대화들 중에 혹시 '나'와의 대화도 포함이 되어 있는가? 나는 나에게 고등학교 3학년 때 첫 질문을 했다. 그리고 그 사건은 내 삶에 엄청난 반향을 불러왔다.

"경현아 넌 뭘 하고 싶어?"

    이 질문 덕분에 나는 지금의 내가 될 수 있었다. 자신과 대화를 해 본 사람은 드물기 때문에 스스로에게 질문을 하는 것도 무척이나 어렵게 느껴질 수 있다. 그리고 보통 자신에게 질문을 하더라도 일상 속에서 자연스럽게 질문을 한 것이 아니기 때문에,

즉각적으로 내면의 소리를 듣기가 힘들 것이다. 혼자 묻고 혼자 대답하는 일은, 어색하고 어딘가 부끄럽다고 느껴지기 때문에 대부분의 사람들은 자신과의 대화를 시도하지 않는다.

하지만 내가 나에게 질문을 한다는 것은, 내가 나 자신을 신뢰하고 있다는 것을 의미하는 하나의 중요한 행위이다. 대부분의 성공한 사람들은 무엇인가를 판단하거나 결정할 때 그 답을 자기 안에서 발견한다. 물론, 주변의 이야기에도 귀를 기울이지만, 결국 결정은 자신의 몫이라는 것이다. 그렇기 때문에, 우리는 모두 '자신과의 대화'를 연습해야만 한다. 여기서 말하는 대화가 반드시 목소리를 내어서 스스로에게 질문을 하라는 것은 아니다. 나 자신과 하는 대화이기 때문에 말로 물어볼 수도 있고, 생각으로만 나에게 질문할 수도 있다. 어떤 식으로든 질문을 하다보면, 내 안에서 나오는 이야기들을 발견할 수 있을 것이다. 그 이야기가 바로 우리가 나아가야 할 방향이자 질문에 대한 답이 되는 것이다.

'나'를 가장 잘 아는 사람은 다른 누구도 아닌 바로 나 자신이다. 많은 사람들은 삶에 어려움이 닥쳤을 때 세상의 지혜로운 사람들을 찾아가곤 한다. 그리고 묻는다.

"나에게 이러이러한 어려움이 있어요. 저는 어떻게 해야 하죠?"

이러한 이야기를 들었을 때 현인들은 그 사람에게 도로 질문을 한다.

"그래서 당신이 원하는 것이 무엇입니까?"
"당신은 어떻게 하고 싶어요?"

우리가 여기서 주목해야 할 부분은 질문을 한 사람 스스로가 답을 찾을 수 있게끔 계속해서 질문을 던진다는 것이다. 굳이 따지자면, 이것은 타인의 도움을 받아서 내 안의 답을 찾는 과정의 한 예로 볼 수 있겠다. 나아가, 나에게 질문을 하는 것을 넘어 더 중요한 것은 자기 자신을 신뢰하는 것이다. 내가 나에게 질문을 하더라도, 나를 믿지 못한다면, 그 답은 아무 의미가 없지 않을까? 자신을 신뢰하는 것은 생각보다 어려운 일이다. '이게 정말 맞는 것일까?' 하는 의심은 물론이고, 스스로 답을 찾고 선택한 것이기 때문에 누구의 탓을 할 수도 없기 때문이다.

그렇지만, 어떤 선택을 하고 그 길로 나아가는 것에는 오답이 없다는 것을 우리는 기억해야 한다. 어려움은 있을 수 있지만, 힘들고 어렵다고 해서 그것이 틀린 길은 아니니까. 모두가 다 정답인 것이다.

주변에 있는 누군가가 그것은 잘못된 길이라며 말리는 경우도 있을 것이다. 하지만 그것은 당신의 일부만을 보고 판단해서 하는 이야기일 수 있다. 내 아내의 이야기를 빌리자면, 아내는 사회적으로 인정받고, 안정적인 급여를 받는 직장에서 근무하고 있었다. 너무 지쳐있던 아내가 일을 그만두고 '쉼을 선택'해서 시골로 떠나고자 했을 때, 주변에 있는 대부분의 사람들은 아내의 결정을 만류했다. 반대하고 말리고 끝까지 설득하려고 했다. 아내의 결정이 틀렸다는 것을 스스로 관철하게 만들려고 끊임없이 설득을 했던 것이다. 나는 아내가 선택한 그 길이 정답이라고 생각하고, 적극적으로 지지했다.

"당신이 생각하는 것이 바로 답이야!" 라고 말이다.

한국 사회는 지나치게 타인을 의식하는 구조가 너무 깊숙하게 자리하고 있다. 이런 사회에서 살아가는 우리는 주변 사람들에게 무조건적으로 의지하고, 그들의 이야기에 쉽게 흔들린다. 학생은 부모님이나 선생님 혹은 어른들에 의해, 직장인은 직장 상사나 동료들에게.

타인을 존중하고 배려한다는 시각으로 본다면 긍정적인 부분도 많겠지만, 너무 지나치게 타인을 의식해버려서 정작 자신이 하고 싶은 일들을 포기하고 스스로를 억압하는 경우도 많을 것이다. 따라서 우리는, 지금부터 자신과의 대화를 연습해야 한다. 내가 실제로 실천해온 아주 쉬운 방법을 소개하겠다.

첫째, 자신과의 대화의 훈련으로 아침에 일어나 씻고 거울을 볼 때, 자신의 얼굴을 보며 칭찬 한 가지씩 해보기. 나는 오늘 아침에도 스스로에게 이렇게 이야기했다.

"경현아 너는 코가 잘생겼어."

이 단순한 한 마디가 기분 좋은 하루의 시작을 만들어 준다.

둘째, 어떤 일을 하기 전에 자기에게 힘을 주는 이야기하기.
나는 어렵게 느껴지는 강의 전에 스스로에게 꼭 이야기합니다. "경현아 넌 잘할 수 있어. 내가 도와줄게!" 아무것도 아닌 것처럼 여겨질 수 있지만, 이렇게 이야기하고 들어가면, 내 안에 있는 내적 에너지가 나를 위해 사용되고 있음을 느낄 수 있다.

셋째, 그냥 살면서 나와 자연스럽게 대화나누기.
이건 이미 많은 분들이 하고 있을 것이다. 항상 자신과 이야기를 하는 것이다. "오늘 뭐 입지?", "오늘은 어떤 걸 먹을까?" 하는 질문부터, 어떤 문제가 생겼을 때는 "이걸 어떻게 해결하지?" 하며 스스로 답을 찾고, 하루를 마친 후에는 나에게 "오늘 ○○이 좋았고 ○○은 아쉬웠어."라고 말해주는 것이다.

역시 조금은 오글거리고 어색할 것이다. 하지만 이런 사소하고 작은 움직임과 시도가 당신의 일상을 180도 바꿔줄 것이라고 나는 확신한다.

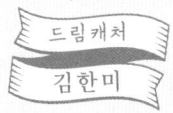

세계여행이라기엔 거창 할 것 같고, 길~게 여행하기

여행 전 인터뷰

Q. 한미씨의 꿈의 목록 가운데 이룬 꿈들 중에 기억에 남는 꿈이 있다면?

A. 장기배낭여행이요. 세계여행이라기엔 거창할 것 같고. 제 꿈의 목록 중 하나였던 길~게 여행하기! 대학 졸업하고 1년 돈 벌어 1년 여행 가자던 목표가 드디어 이뤄지는 날이 왔네요!

Q. 왜 그러한 꿈을 가지게 되었나요?

A. 대학 졸업을 1년 앞두고 동기들과 나누던 대화가 있었어요. "넌 전공으로 취업할 거야?", "넌 뭐할 거야?", "뭐해 먹고살지?". 늘 이런 걱정과 불안이 가득한 대화였죠. 그 질문에 대한 저의 대답은 늘 똑같았어요. "으, 너무 끔찍해. 어떻게 방학도 없이 맨날 일만하고 살아? 난 그렇게 못해! 어차피 평

생 일해야 되니까 나는 꼭 졸업하고 바로 취업 안하고 길게 일 년 정도는 여행 갔다 올 거야."
평소 여행을 좋아해서 방학 때마다 여행을 다녔지만 일주일 이상 지냈던 적이 없어서 늘 장기여행의 꿈을 꿔왔고, 앞으로 사회생활을 하게 되면 그 꿈을 가슴 속 깊이 넣어두어야 할지도 모른다는 생각에 지금 가야겠다는 생각을 하게 된 것 같습니다. 한편으로는 지금 제게 주어진 것 중 가장 많은 것이 시간이기 때문에 이 시간을 온전히 나를 위해 사용해보자는 마음도 들었고, 무엇보다 지금 내 마음이 그저 그곳을 향한다는 이유만으로 꿈을 이루고자 했습니다.

Q. 꿈을 이루는 과정이 쉽지 않았을 텐데 어떠했는지?
A. 가장 먼저 한 일은 '결심'이었습니다. 처음엔 정말 하루에도 수 백 번 가야 할 이유와 가지 말아야 할 이유가 떠올랐지만 가야 할 이유를 더 생각하려 했고 마음을 정했습니다. 그렇게 결심하고 나니 용기가 생기고 구체적인 목표가 떠오르더라고요.
두 번째로 한 일은 여행경비 '목표' 세우기였습니다. 1년에 2,000만원을 모아 1년 동안 여행하기를 목표로 했습니다. 목표하는 만큼 돈을 모으기 위해 주말에는 족발집에서 알바를 하기도 했고요.
세 번째로 한 일은 '계획과 실천'이었습니다.

크게 여행 전, 여행 중, 여행 후로 나눴고 여행 전 해야 할 일 목록을 쭉 적어두고 실천에 옮겼습니다. 여행을 떠나기 전 꾸준히 할 일-체력키우기, 영어공부하기-을 정하고 일주일에 세 번은 운동하는 날로 정하고 운동을 했고, 매일매일 하루치 학습량과 시간을 정해놓고 영어공부를 했습니다. 그리고 대략적인 여행루트를 생각해보고 정보를 수집했고, 대여섯 가지의 예방접종을 했고, 항공권과 숙소 등을 예약하고 필요한 준비물을 구입하는 과정을 거쳤습니다.

이런 일련의 과정은 먼저 그 길을 걸었던 분들께서 수고롭게 포스팅해주신 덕분에 인터넷에서 너무나 쉽게 찾아볼 수 있는 정보이기 때문에 준비 과정이 어렵진 않았습니다. 차근차근 자신의 스타일에 맞게 계획하고 실행해나가면 되는 것 같습니다. 하지만 이런 저런 정보를 습득하는데 꽤나 오랜 시간이 걸렸고 필요한 물건을 하나 사는 데도 고민이 꼬리에 꼬리를 물어 스스로 판단하고 결정해야 되는 일이 많다보니 그런 점에서는 귀찮은 것도 없지 않아 있었습니다. 그래도 모든 것을 내가 생각하고 행동할 수 있어서 재밌기도 했습니다.

Q. '내가 이렇게 까지 이걸 해야 하나'라는 생각이 들지는 않았나요?
A. 사실 준비 과정에서 그렇게 힘들었던 건 없었지만 굳이 뽑자면……. 생리적 욕구를 포기해야 했던 것? 미래의 행복을 위해 지금 당장의 행복을 포기해야 했던 것? 길을 가다가 예쁜

옷이 있어도 세 번 네 번 '나는 필요 없다. 나는 갖고 싶지 않다.'를 외치고 매번 지나치는 지하철역 빵집이 발목을 잡아도 '나는 빵이 싫다. 나는 빵이 먹고 싶지 않다.'를 외쳐야 했던 그 순간들이 가장 힘든 순간이 아니었나 싶어요. 하핫! 그래도 지나고 보니 그 순간도 예뻤던 것 같아요. 사고 싶은 거 못 사고 먹고 싶은 거 못 먹으니 삶의 질이 많이 낮아지긴 했지만 결국엔 다 제 선택이었고 그 선택은 저의 행복을 위한 것이었을 테니까요.

Q. 여행을 떠나기 직전인데 어떤지?
A. 앞으로 딱 일주일 남았네요. 사실 아직도 실감이 안 나요. 매일매일 상상해오던 일이 현실이 되려 하니까 더 현실성 없는 기분이랄까요. 아니면 제가 집순이라서 집 밖을 나서는 게 마냥 좋지는 않은 것 같기도 하고(?). 모르겠어요. 앞으로의 고생길이 걱정이 되기도 하고 소중한 사람들 곁을 잠시 떠나야 하는 게 슬프기도 하고 드디어 꿈을 이루게 되어 가슴 벅차기도 하고 제가 제일 좋아하는 닭발, 곱창, 항정살, 한식을 못 먹을 생각에 우울하기도 하고 막 슬펐다 기뻤다 기분이 난리가 났어요. 그래도 앞으로 어떤 내가 미처 상상하지 못한 일들이 펼쳐질까 기대하는 마음이 가장 큰 것 같아요.

Q. 세계여행을 다녀오고 나서의 모습은 어떨지?
A. 음…. 백수? 현실은 백수일 확률이 높다고 봐요. 돈이 다 떨어지면 돌아올 생각이고 아직 무얼 해야 할지도 모르겠고 준비된 자리가 있는 것도 아니니까요. 그런데 이 여행만큼은 무언가 얻기보다 성장하려고 애쓰기보다 그저 흘러가는 시간에 기대어 그렇게 보내고 싶어요. 그러는 중에 내가 진짜 원하는 다른 무언가를 만나게 된다면 참 감사한 일이겠지만요. 그리고 나중에 이 날을 돌이켜 봤을 때 '내 젊은 날 참 예뻤구나'하고 추억하며 살 수 있다면 저는 그것만으로도 참 행복할 거예요. 여행 후 저라는 사람은 조금 더 나를 사랑하고 조금 더 타인을 사랑할 줄 아는 사람이 되어있길 바라요.

Q. 꿈을 이루며 살아가는 드림캐처로서 이 책을 읽을 예비 드림캐처들에게 하고 싶은 이야기들은?
A: 저는 꿈이 없다고 생각이 들면 마음이 너무 불안하더라고요. 누가 꿈이 뭐냐 물어보면 괜히 숨고 싶고 그러더라고요. 꿈이 없는 사람은 이상한 사람인걸까요? 꿈이라는 건 대체 어떤 의미를 가진 것이길래 종종 나를 오히려 불안하게 할까요? 저는 그렇게 생각해요. 꿈은 생각보다 그렇게 거창한 게 아니다. 꿈은 있으면 좋지만 없어도 이상한 게 아니다. 무언가 엄청난 일을 해내야 하는 게 꿈도 아니고요, 훌륭한 업적을 남겨야 하는 게 꿈인 것도 아니더라고요. 그저 지금 내 마

음의 소리를 가만히 들여다보면 무언가 말하고 있기는 한데 내가 그 소리에 귀 기울이지 않아서 혹은 외면해서 잘 모르는 거더라고요. 평소에 내가 입 밖으로 내뱉는 말들, 머릿속으로 혼자만 하는 생각들을 가만히 들여다보세요. 그게 당신의 꿈일 수 있어요. 없다 해도 괜찮아요. 꿈이 없다고 당신이 하찮은 존재라거나 별 볼일 없는 사람은 아니거든요. 어쨌거나 사람은 젊어서도 늙어서도 매번 똑같은 고민을 하며 살더라고요. 그러니까 너무 조급해하지 말고 지금 내가 아무것도 아닌 것 같더라도 낙심하지 않았으면 좋겠어요. 아무것도 하지 않아도 당신이 얼마나 소중하고 괜찮은 사람인지 스스로를 믿고 다독여줬으면 좋겠어요.

Q. 마지막으로 자신에게 하고 싶은 이야기가 있다면?
A. 저는 꿈의 목록 중 하나를 이루면 속으로 우쭐(?)하는 게 있어요. 늘 시작은 두렵지만 목표를 이루고 뒤돌아보면 언제 그랬냐는 듯 '거봐, 잘 해낼 줄 알았어!' 하면서 혼자 엄청 기특해 해요. 무언가 새로운 일을 시작할 때 늘 떨리겠지만 크고 작은 성공경험들이 모여서 분명 나는 무엇을 해도 잘 해낼 거라는 스스로에 대한 믿음이 더욱 커진 것 같아요. 그래서 또 다른 일을 시작할 땐 이렇게 생각해요. '그때도 그랬듯 난 또 잘 해낼 거야!'라고요. 이번에도 제 자신에게 하고 싶은 말은 똑같아요.

드디어 여행을 마치고 꿈의 목록 중 하나를 또 이루었다.

여행 후 인터뷰

대학을 졸업하고 취업하기 전에 꼭 이루고 싶은 꿈이 있었어요. 배낭을 메고 세계 이곳저곳을 여행하며 온전히 나만을 위한 시간을 갖는 것이요. 가슴속 꿈을 실현하기 위해 밤낮없이 열심히 일하고 돈을 모아 여행을 떠났어요. 시베리아 횡단열차를 타고 시작해 170일 동안 러시아, 터키, 이집트, 유럽, 아프리카 등 19개국 43개 도시를 여행했습니다.

여행을 떠나기 전 다이어리에 적어뒀던 수많은 꿈의 목록이 있었어요.

▷시베리아 횡단열차 타기 ▷이집트 다합(Dahab)에서 스쿠버다이빙 자격증 따기 ▷한 도시에서 한 달 살아보기 ▷선셋(sunset) 보면서 3분 동안 아무생각 안 하기 ▷현지 미용실에서 머리하기 ▷아르헨티나 소고기 부위별로 다 먹어보기 ▷사막에 누워 쏟아지는 별 보기 ▷다른 나라 사람들의 문화와 생활방식 느껴보고 생각하기

그동안 제가 하고 싶었던 것들을 머릿속으로 생각만 하다가 하나씩 하나씩 이뤄갈 때 원하던 일을 해냈다는 그 성취감과 만족감은 정말 엄청났어요. 가슴 속에 꿈을 넣어두지 않고 종이에

적어두고 조금씩 계획하고 행동으로 옮겼던 제 자신이 정말 자랑스러웠어요.

물론 여행하는 삶이 일상이 되고 오랜 시간 집을 떠나 여기저기 다니는 생활이 마냥 괜찮지만은 않았던 순간도 있었어요. 오늘은 어디서 잘까 뭘 먹을까 고민하고, 가방을 풀고 싸고, 여행지 정보를 알아보고……. 매일 매일이 익숙하지 않은 일을 해야 하는 새로운 것들의 연속이라 힘들 때도 많았어요.

하지만 여행을 떠나지 않았더라면 경험할 수 없었던 것들을 정말 많이 경험했어요. 여행을 떠나지 않았더라면 절대 만날 수 없었던 새로운 사람들을 만났고, 언어는 통하지 않아도 마음으로 통할 수 있는 외국인 친구들을 만났고, 이해할 수 없는 낯선 문화를 이해하게 되었고, 힘든 일이 있을 때 잠시 멈춰서 피식피식 웃을 수 있는 나만의 보물 상자가 생겼다는 것에 만족하게 되었고, 어떠한 일이 있더라도 잘 해낼 수 있다는 제 자신에 대한 믿음도 커졌습니다. 무엇보다 저에게 가장 중요한 것이 무엇인지, 어떤 삶을 살고 싶은지, 무엇으로도 충분한지, 내가 행복하다고 느끼는 순간이 언제인지를 알게 되었어요. 또 곁에 있는 사람들의 소중함과 일상의 소중함을 깊이 깨닫게 되었고, 나를 조금 더 사랑하고 곁에 있는 사람들을 조금 더 사랑할 줄 아는 사람이 된 것 같아요.

한편, 그토록 꿈꾸던 배낭여행을 하고 있는 중에도 하고 싶은 일들이 떠오를 때마다 다이어리에 꿈의 목록을 적었어요. 여행 중 누군가에게 받은 도움을 다른 여행자에게 갚기, 여행 중 만난 외국인 친구가 한국에 오면 가이드 해주기, 엄마 아빠 여행 보내드리기, 엄마가 노후를 즐기면서 보낼 수 있도록 같이 운동 배우기, 30개월 조카 데리고 서울 여행하기, 여행 사진으로 나만의 책 만들기, 스페인어 공부하기, 사랑하는 사람들과 맛있는 것을 먹고 일상적인 이야기를 나누며 행복한 시간 보내기, 바쁘다는 핑계로 오랫동안 잊고 지냈던 친구에게 안부 묻기, 잠시 멈춰 노을 지는 하늘 올려다보기.

여행을 마치고 다시 한국으로 돌아간 뒤에 이루고 싶은 또 다른 꿈이 생긴 것이죠. 세계여행 같은 거창해 보이는 꿈은 아니지만 평범하고 일상적인 삶 속에서도 제가 꿈꿀 수 있는 것은 너무나도 많더라고요. 다시 일상으로 돌아가면 현실은 변하지 않겠지만 그 안에서 꿈꿀 수 있는 것을 꿈꾸고 또 하나씩 이뤄가면서 살아간다면 만족스러운 삶이 될 것 같아요.

여행을 다니면서 인생은 여행과 마찬가지로 '끊임없는 고민과 선택의 연속'이라는 것을 알게 되었어요. 그랬더니 남들과 조금 다른 길을 가더라도, 조금 뒤쳐진 것 같더라도 더 이상 불안하지 않게 되었어요. 어차피 죽을 때까지 고민하고 선택해야 할 테니까요. 또 누군가는 저더러 "현실감각이 없다.", "허황된 꿈이다.", "돌아오면 백수다." 등 염려의 말을 하겠지만 누가 뭐라 해도 내 인생은 내 것인 걸요. 다른 누군가가 내 삶을 살아주진 않아요. 그러니 다른 누군가의 기준에 내 삶을 맞춰 살 필요는 없더라고요. 내 삶은 내가 살아내는 거잖아요.

내 삶을 불안과 걱정으로 바라볼 것인가, 기대와 희망으로 바라볼 것인가. 적어도 내 삶은 내 삶이기에 내 삶을 어떤 눈으로 바라볼 것인지 선택할 수 있다는 것을 알고 있다면 불안해할 이유는 없는 것 같아요. 저는 제 삶을 기대와 희망으로 바라보는 것을 선택했어요. 그러자 제 삶에는 더 이상 걱정과 불안은 없고 삶에 대한 기대로 가득 찼어요. 삶이 내게 허락한 것들을 마음껏 음미해보세요. 내가 생각하고 원하던 일을 결국 해내는 것만큼 행복한 일은 없을 거예요.

지금까지 내가 가고 싶었던 곳 모두 적어보기

음식점도 좋고 카페도 좋고 여행지도 좋아요.
'아, 여기 가고 싶다.'하는 것들을 모두 적어보세요.

내 꿈은 간호사이다.
나는 꿈을 이루었지만, 여전히 이루어가는 중이다.

처음으로 간호사가 되겠다는 생각을 가진 것은 고등학교 2학년 때였다. 당시 나의 할머니는 건강이 좋지 않아 병원에 입원을 하셨고, 할머니의 병간호를 위해 나는 병원에 자주 드나들게 되었다. 병실에 우두커니 앉아있으면, 가장 많이 보게 되는 사람은 간호사였다. 그들은 쉬지 않고 병실을 드나들었고, 유일하게 우리에게 관심을 가졌다. 말을 걸고, 오늘은 어떤지 물어보는 일상을 별 거 아닌 것 같았지만 그게 쌓이고 쌓여 할머니와 나에게 큰 위로가 되었다.

그래서 무작정 간호사가 되기로 했다. 딱히 내가 재능을 가진 분야가 있는 것도 아니었고, 그 순간 멋져 보이는 그 직업을 내 진로로 정하는 것도 나쁘지 않은 것 같았다. 그 뒤로는 이 길 하나만 바라보고 달렸던 것 같다. 간호학 전공으로 대학에 지원하고 입학하고 공부를 하고 실습을 나가고. 고2에 꿈을 갖고 이루는 데까지 꼬박 6년의 시간이 걸린 것이다.

현재 나는 대학병원에서 간호사로 일하고 있다. 때로는 밤낮을 바꿔가며 환자를 돌보고 전쟁 같은 힘든 하루하루를 보내고 있지만 후회는 없다. 힘이 들 때마다 고등학교 시절 환자 입장에서 간호사를 봤던 그 시선을 떠올리며 힘을 내곤 한다. 무엇보다 간호사가 하는 일은 매우 가치 있다고 생각한다. 많은 메디컬 드라마에서 벌어지는 그런 일은 생각보다 많지 않다. 병원에서 연애를 한다거나 하는 일도 드라마일 뿐이다. 하지만, 다양한 환자들을 만나며 이야기를 나누고 관계를 맺는 일은 정말 즐겁다.

아직은 배우는 단계라 여전히 나는 대학교 1학년, 20살의 나처럼 낯을 가리기도 하고 환자의 이야기를 잘 이해하지 못하는 경우도 종종 있지만, 점점 익숙해져가는 중이다. 시간이 지날수록 환자를 위해 내가 해줄 수 있는 것들이 많아지고 환자들이 나에게 의지하는 것이 느껴질 때마다 정말 뿌듯하다.

앞서 말했지만 나는 이 꿈을 이뤘지만, 앞으로 더 장기적으로 이루어 갈 꿈으로 보고 있다. 그리고 큰 나무에 여러 개의 가지라 뻗어나가는 것처럼 나의 이 큰 꿈에 다른 작은 여러 꿈들도 생겨났다.

최근에 꿈의 목록에 추가한 내 꿈들이다.

> ☞ 의사소통 불가 환자와 대화하기 (인공호흡기를 달고 있는 환자)
> ☞ 환자의 요구에 귀 기울여 줄 수 있는 간호사 되기
> ☞ 닮고 싶고 배울 점 많은 선배 간호사 되기
> ☞ 마카롱 종류별로 10개 사먹기
> ☞ 백화점에서 가격표 보지 않고 할인 안 하는 옷 사보기
> ☞ 운전면허 취득 후 제주도 해안도로 달리기
> ☞ 해외여행가서 외국인과 친구 되기

상위 세 가지는 앞으로 내가 간호사라는 꿈을 이뤄가면서 추가적으로 이루고 싶은 또 다른 꿈들이다. 하위 네 가지는 나를 위해 아낌없이 투자해보겠다는 생각으로 적어본 꿈들이다. 간호사 준비를 하고 간호사로 일을 하면서 나를 위한 시간이나 나를 위한 금전적인 투자가 거의 없었다. 내가 좋아하는 일을 매일 하는 것도 좋지만 때로는 휴식이 필요하지 않을까?

하나의 꿈은 다른 수많은 꿈을 꾸게 해준다. 어쩌면 작은 꿈들을 이뤘을 때 저절로 큰 꿈을 이루게 될지도 모르겠다.

내가 가장 사랑하는
선생님의 고향 방문하기

내가 하고 싶은 것을 하는 것

꿈의 목록을 작성하는 것은 나에게 흥미로운 일이었다. 하고 싶은 것과 해내야만 하는 것들이 꿈의 목록 안에 꽉 채워져 있었다. 그 중 내가 정말로 해보고 싶었던 것 중 하나인 '내가 가장 사랑하는 선생님의 고향 방문하기'에 대해 이야기 하려고 한다.

이전부터 선생님의 고향에 가보고 싶다는 생각은 종종 했었다. 선생님께서 선생님의 고향인 울진에 대해서 나에게 말씀해주실 때 가장 행복해 보이셨기 때문이다. 또 나는 그런 선생님을 보며 아름다운 울진을 상상하며 떠올렸고, 선생님의 행복했던 유년시절을 간접적으로 경험할 수 있었다. 이 여행을 결정하기까진 오래 걸리지 않았다. 오히려 굉장히 즉흥적으로 결정된 울진 방문이었다. 개강 바로 전 주에 새 학기를 새롭게 시작하는 마음으로 친구랑 여행을 가기로 결정했다. 나와 친구는 겨울바다가 보고 싶었고, 어디로 갈지 고민했다. 그 고민도 잠시, 나는 이전에 써놓았던 선생님의 고향 방문하기가 생각났고, 선생님의 고향이 대게가 유명한 울진, 바로 바다라는 것이 생각났다. 나는 그 자리에서 바로 선생님께 연락드렸고, 선생님도 마침 그 주에 울진에 내려가신다고 하셨다. 그래서 나는 '내가 가장 사랑하는 선생님의 고향 방문하기'에 대한 꿈의 목록을 실행에 옮길 수 있었다.

 울진은 내가 갔던 바다 중에 가장 맑고 깊었으며 또 광활했다. 선생님께서 왜 그렇게 기대해도 좋다고 자부하셨는지 알 수 있었다. 선생님과의 일과 중에 가장 기억에 남는 것은 바로 선생님의 고향집 뒷산에 올랐던 것이다. 선생님이 산을 타시기 전에 이렇게 말씀하셨다. "너희는 아마 울진에 와서 가장 기억에 남는 게 바로 나랑 같이 이 산을 올라갔던 게 될 거야!" 선생님의 말씀이 맞았다.
 나에겐 생각보다 험하고 높은 산을 선생님과 함께 이런저런 얘기를 하면서 올라가던 길과 정상에 올랐을 때 풍경을 바라보며 느낀 황홀함이 아직도 생생하다. 선생님께서 어렸을 때 매일 오르내리던 그 산을 내가 오르고 있다는 것이 매우 감회가 새로웠다. 사실 중간에 포기하고 싶었던 적도 있었는데, 정상에 올라와 바다와 산과 강과 들, 모든 자연을 한 눈에 담을 수 있었던 그 시간이 나에겐 정말 선물과 같았다. 산을 다 내려온 후 우리는 선생님을 따라 어느 허름한 집 마당에 들어섰다. 마당에 엄청 크지만 죽어있는 나무가 내 눈길을 끌었고, 선생님은 그 집 마루에 걸터앉으셨다. 우리는 의아해하며 따라 앉았다. 바로 그 집은 선생님이 정말 사랑하셨던 할머니의 집이었다고 말씀해주셨다. 나는 선생님의 할머니의 이야기를 마치 옛날이야기 듣는 것처럼 평소에 자주 듣곤 했다. 그리고 나는 그 얘기를 들으면서 그 집이 어떤 곳일지 혼자 상상하며 궁금해 했다. 상상 속에서만 만났던 그곳이 지금 내가 있는 곳이라는 것이 신기했다. 마치 나도 선생님의 어린 시절 속으로 들어간 것만 같았다.

'내가 하고 싶은 것을 하는 것.'은 어떻게 보면 정말 쉽기도, 어렵기도 하다. 이번에 실행할 수 있었던 '선생님의 고향 방문하기'는 계획적이라기보다는 즉흥과 우연에 의한 좋은 타이밍 덕분이다. 계획적이지 않다고 해서, 이 꿈의 목록이 절대 다른 것들보다 의미 없는 것이라곤 생각하지 않는다. 때로는 '내가 무엇인가를 해냈다!'라는 의무에 대한 성취감보다는 이번 여행과 같이 내 삶의 깜짝 선물과 같은 일들이 더 가치 있을 수 있음을 깨달았다.

여행과 같이 내 삶의 깜짝 선물과 같은 일들이
더 가치 있음을 깨달았다

김다솔의 꿈의 목록

♧ 옷 쇼핑몰 모델 하기

♧ 3개월 동안 혼자 여행하기

♧ 일주일 동안 핸드폰 없이 살아보기

♧ 외국인 베스트 프렌드 만들기

♧ 월급 받으면 내가 사랑하는 사람들에게 해주고 싶은 거 다 해주기

♧ 검도 배워서 대회 입상

♧ 드럼 마스터하기

♧ 영어로 연설하기

♧ 나를 존경하고 사랑하는 제자 만들기

♧ 내가 부른 노래로 음원 내기

지금까지 내가 만나고 싶었던 사람을 적어보세요.

좋아하는 연예인, 존경하는 선생님, 오랫동안 보지 못했던 친구 누구든 좋아요. 영원히 만날 수 없을 것 같은 사람도 망설이지 말고 일단 적어보세요.

내면의 힘
사용하기

 자신의 이야기를 들을 줄 알고, 스스로 질문할 수 있다면, 그 사람은 자신의 내면의 힘을 사용할 준비가 된 사람이다. 많은 사람들은 자신이 얼마나 대단한 사람인지 스스로 알지 못한다. 우리는 모두가 특별한 존재임에도 말이다. 이것은 한 가지 실험을 통해서 알 수 있다. 100명의 사람들에게 질문을 했다.

 "제가 지금부터 여러분에게 종이와 펜을 나눠주고 시간 또한 넉넉하게 준 후에 자기의 장점 100개를 쓰라고 했을 때, 쓸 수 있는 사람만 손 들어보세요."

 두 명이 손을 들었다. 손을 든 그 두 사람은 100퍼센트 자신의 장점 100개를 쓸 수 있다. 하지만 98명은 절대로 쓸 수 없을 것이다. 이것이 무엇을 의미할까? 우리는 모두 어떤 것을 해결

하고 이룰 수 있는 힘이 있는데 스스로 없다고 판단하고 나 자신을 제한해 버리고 있다는 것을 의미한다. '나는 할 수 없어.'라고 믿어버리는 것이다. 그 누구도 '넌 그걸 할 수 없어.'라고 말하지 않았는데도 말이다. 이 생각을 바꾸기 전에는 그 사람은 죽었다 깨어나도 내면의 힘을 사용할 수 없을 것이다.

우리는 스스로가 그런 하찮은 존재가 아니라는 것을 알아야 한다. 아주 아무것도 아닌 일에 자살을 할 만한 그런 나약한 존재가 아니라는 것을. 무언가 대단한 사람만 위인이 되고 그 사람은 타고난 특별한 인물일 것이라고 생각하지만 그렇지 않다. 이순신장군도 간디도 세종대왕도 모두 나와 같은 사람이란 것을 기억해야 한다. 즉, 당신도 그들과 같이 될 수 있다는 것이다. 그렇다면 그 사람은 왜 위대한 인물이 되었고, 우리는 스스로 위대한 인물이 되겠다는 꿈도 못 꾸게 된 것일까?

위인들은 자신들의 내적인 힘을 쓸 수 있었던 사람들이다. 자신의 가능성을 제한하지 않고 스스로를 100퍼센트 신뢰했기 때문에 모두의 존경을 받을 수 있게 된 것이다. 이들의 가장 큰 능력은 어려운 일에도 두려워하지 않고 거침없이 도전할 수 있다는 것이다. 우리도 이런 생각과 태도를 가졌을 때, 진짜 자유로워질 수 있다. 그리고 스스로에게 자유로워졌을 때, 우리는 진짜 행복을 찾아갈 수 있다.

드림캐처는 이렇게 살아갈 수 있는 당신의 첫 발걸음이 되어줄 것이다. 나의 내면의 소리에 귀를 기울여서 적은 꿈의 목록들이 하나씩 이루어지는 걸 보면, '아 나도 할 수 있구나! 내가 이런 것도 할 수 있네?'라며 자신감이 생기는 걸 확인할 수 있을 것이다. 저 멀리 보이는 꿈도 이루어 나갈 수 있는 내 안의 힘을 발견해보자.

'꿈'이라고 하면
막연하게 먼 미래를 그리곤 했던 나

2014년 여름, 나의 멘토로부터 "꿈은 거창한 것이 아니다."라는 이야기를 들은 후 내 나이 스물여섯. 십대에도 그려보지 못한 지극히 사소한 나만의 '꿈 목록'을 만들기 시작했다.

사소하지만 나를 행복하게 하는 것. 그리고 그 꿈을 이루는 상상을 하는 것. 그 자체만으로도 그 것은 거대한 힘을 지녔었다. 2017년 현재, 남들이 들으면 "그게 꿈이야?"라고 되물을 수 있는 아주 작은 일부터 내가 이뤄온 몇 가지 꿈 목록을 나누고자 한다.

> \# 앞머리 기르기
> \# 워킹홀리데이 떠나기
> \# 스몰웨딩 하기
> \# 융프라우호에 올라서 컵라면 먹기
>
> \#30세 이전에 10개국 여행하기
> ⋮
> And more.

사소하지만 나에게는 큰 도전이 될 앞머리 기르기
〈이것도 꿈이라고? 응, 이것도 꿈이야〉

여자들은 안다. 일명 '거지존'을. 앞머리를 기르는 데에 있어서 가장 고민이 많이 되는 시기이다. '거지존'에 달했을 때 '자를까 말까'를 수도 없이 고민하는데 그 고민이 싫어서 앞머리는 항상 있었다. 열세 살부터 앞머리가 있었으니 십년도 더 넘게 고수하던 머리 스타일이었다. 꿈 목록 제일 처음 가장 사소하지만 나에게는 큰 도전이 될 〈앞머리 기르기〉를 적었다. 그것을 적고도 일 년 뒤, 그 꿈을 이뤘다.

〈2014년〉　　　〈2017년〉

독일이라는 나라로 무작정 워킹홀리데이 떠나기
〈만 30세 이전에 갈 수 있는 독일〉

워킹홀리데이는 나라 제한, 나이 제한이 있다. 대부분이 만 30세 이전에 갈 수 있고 나라별로 조건은 상이하다. 꿈 목록을 작성히고 있을 때가 안정적으로 직장생활을 하던 때였지만 도전하고 싶었다. 그리고 2015년 5월 다니던 직장을 과감하게 그만두고 '독일'이라는 나라로 무작정 1년간 워킹홀리데이를 떠났다. 떠난 그 곳에서도 외국에서 운전하기, 3개 국어 배우기, 외국인 친구 사귀어서 파티 참여하기 등의 꿈 목록을 이룰 수 있었다.

  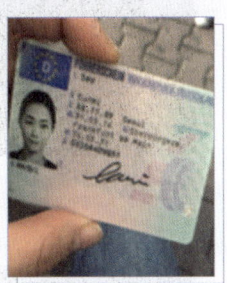

〈외국인 친구 사귀기〉　〈독일어 자격증〉　〈독일면허증〉

결혼식만큼은 남들과 다르게 하고 싶었다.
〈독일의 작은 교회에서 스몰웨딩하기〉

결혼식만은 남들과 다르게 하고 싶었다. 워킹홀리데이 기간 동안 독일에서 지금의 배우자를 만났고, 독일의 한 작은 교회에서 스몰웨딩을 치를 수 있었다. 웨딩홀을 꾸미는 것부터 청첩장을 만들고, 피로연 장소를 섭외하고 꾸미는 것까지 셀프로 준비했고, 그것은 소규모 웨딩이었기에 가능했던 것 같다. 그렇게 2016년 5월 〈스몰 웨딩하기〉라는 꿈 목록을 또 하나 지웠다.

〈# wedding day. Germany〉

지금도 잊을 수 없는 그 맛. <융프라우호에서 컵라면 먹기>

유럽의 꼭대기라고 불리우는 융프라우호에서 컵라면 먹기도 하나의 꿈 목록이었다. 2017년 2월 어느 날 가장 친한 친구와 남편, 그리고 뱃속의 아기까지 함께 스위스로 떠났고 그 곳에서 임산부로서 융프라우호에 올랐다. 그리고 그 곳에서 컵라면까지. 그 맛은 지금도 잊을 수 없다.

여권에 찍히는 도장만큼이나 꿈이 이루어지고 있다.
<30세 이전에 10개국 여행하기>

내가 꿈 목록을 처음 적었던 것은 26살이었다. 세계여행을 꿈꾸기도 했지만 그것을 적으면 당장 이룰 수 없을 것만 같았다. 그래서 조금 더 구체적으로 30세 전에 10개국 여행하기를 목표로 세웠다. 그리고 29살인 현재 그 이후로 13개국을 여행할 수 있었다. 여권에 찍힌 도장들을 볼 때마다 꿈 목록을 적고 실천한 것이 그렇게 뿌듯할 수가 없다!

<여권 속 도장들>

〈코멘터리〉

　나는 처음 꿈 목록을 작성할 때, 100가지의 꿈 목록을 적었지만 그 중에서 내가 이룬 것들 중 다섯 가지만 나눠 보았다. 꿈이라는 것이 거창한 것이 아닌 지극히 작은 것부터 시작할 수 있다는 것. 그리고 꿈(내가 하고 싶은 일)을 적는 것만으로도 삶의 원동력이 되고, 그것을 이룸으로 느끼는 성취감은 이루 말할 수 없을 것이다. 이 글을 읽은 당신도 지금 당장 펜과 종이 한 장을 꺼내서 하고 싶은 것을 몇 가지 적어보고, 그것을 매일 보면서 실천해보길 감히 추천한다.

지금까지 배우고 싶었던 것들을 적어보세요.

언어공부, 악기배우기, 운동배우기, 미술학원 다니기,
나이를 먹어도 무엇이든 새로 배울 수 있어요. 배우는 것을 두려워하지 마세요.

'퇴직을 했다.
그리고 이루지 못했던 꿈을 이뤄가고 있다.

유지룡의 꿈의 목록

\# 철원 DMZ하프 마라톤 완주

\# TA교류분석 상담 전문가

\# TA교류분석 상담학회 강원 강릉지부개설

\# 숭실대 사회복지 대학원 사회적기업 석사

\# 강릉시 산들바다 스카우트 지역대 대장

\# 법무부 법사랑위원 동두천지구 사무국장

\# 꿈알 지도사 자격취득

\# 동두천 송내 주민센터 사교댄스 수련

… Ing

내 신체가 허락 하는 날까지 마라톤 완주하기
〈마라톤 풀코스 완주〉

1일 3~5km
1주 20km
1달 80~100km
1년 1,000km

나이가 먹어서 늙는 것이 아니라 도전을 포기하기 때문에 늙는 것이라고 한다. 내 신체가 허락하는 날까지 매년 마라톤 풀코스와 하프코스를 각각 1회 이상 완주를 하겠다.

퇴직 후에도 내가 잘할 수 있는 일은 상담이다.
〈TA교류분석 상담 전문가〉

은행 생활이 상담 자체이었으므로 은행을 퇴직한 후에도 내가 가장 잘할 수 있고, 다른 사람을 가장 잘 도와줄 수 있는 일은 상담 관련 업무라고 판단했다. 퇴직 3년 전인 2013년부터 TA교류분석 상담 전문가 과정을 시작하여 2019년까지 6년에 걸쳐 최고 과정까지 자격증을 취득할 예정이다. 현재 최고 과정인 수련감독과정 3년차 중 2년차를 지나고 있다. 내 꿈은 현재 진행형이다.

진정한 가치를 실현하는 삶을 살기로 했다.
〈숭실대 사회복지 대학원 사회적기업 석사〉

인생 1막의 사회생활 목적은 의식주를 포함한 경제적인 부문이 가장 중요한 역할을 차지했다. 하지만 인생 2막에서는 경제적 부분에서는 다소 자유로워진 상태이므로 삶의 진정한 가치를 실현하는 삶을 살아야겠다는 생각을 했다. 따라서 사회적기업에 대한 지식을 습득하고, 어떤 일을 하던지 사회적기업가 정신으로 활동을 하고자 숭실대학원 사회적기업학과 석사과정을 이수하였다(2016.3~2018.2).

꿈알 지도자
〈자살예방 및 청소년 범죄예방을 위한 활동〉

남녀노소, 군인 공무원 및 기관 단체 등 대한민국 모든 국민들에게 꿈을 심어 줌으로써 자살예방 및 청소년 범죄예방은 물론 항상 꿈이 살아 있는 대한민국을 만드는데 앞장서고 있다.

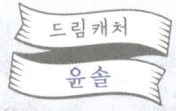

우연히 본 네 줄 우쿨렐레 덕분에 하와이를 만나러 가고 있어.

창문 너머로 우연히 본 악기 덕분에 꿈이 커졌다

사람은 누구에게나 한번쯤 그런 시간이 있는 것 같아요. 하고 있는 일은 안정적이고, 인정받고 있는데 내 스스로가 만족하지 못하는 그런 상태. 그 때가 딱 그런 상태였던 것 같아요. 매일이 지루하고, 불만이 가득 쌓여가는 내면이 어려운 시기였습니다. 어느 날 평소와 같이 길을 걷다가 발견한 네 줄 악기 덕분에 저는 에너지 넘치는 하루하루를 보내고 있고, 매일 하와이를 꿈꾸며 이뤄가고 있는 드림캐처입니다.

'UKULELE'
'저 악기를 손에 쥔다면 난 너무 행복할 것 같아' 꿈을 이루기 위한 준비가 잘 되어있는 사람이었는지 우쿨렐레라는 악기를 본 바로 다음날 우쿨렐레를 품에 안고 집으로 돌아왔습니다. 그 날은 12월 31일이었어요. '새해가 되면 우쿨렐레를 연주해야지.'가 아니라 오늘이 지나기 전 꼭 가져야겠다는 작은 꿈을 이루어낸 시간이었습니다. 그때부터였을까요? 저는 네 줄 악기가 이끌어 주는 대로 하와이에 대한 챌린지를 시작했습니다.

♪ 하와이 여행 혼자 가기
♪ 하와이 훌라춤 추기
♪ 하와이 음식 만들어 보기
♪ 하와이어로 노래하기

DREAM CATCHER

자, 그럼 이제 시작해볼까요?

DREAM CATCHER

의 꿈의 목록

-
-
-
-
-
-
-
-
-
-
-
-
-
-
-
-
-
-
-
-
-
-
-
-

DREAM CATCHER

_____ 의 꿈의 목록

- [ ]
- [ ]
- [ ]
- [ ]
- [ ]
- [ ]
- [ ]
- [ ]
- [ ]
- [ ]
- [ ]
- [ ]
- [ ]
- [ ]
- [ ]
- [ ]
- [ ]
- [ ]
- [ ]
- [ ]
- [ ]
- [ ]
- [ ]
- [ ]

DREAM CATCHER

의 꿈의 목록

- [ ]
- [ ]
- [ ]
- [ ]
- [ ]
- [ ]
- [ ]
- [ ]
- [ ]
- [ ]
- [ ]
- [ ]
- [ ]
- [ ]
- [ ]
- [ ]
- [ ]
- [ ]
- [ ]
- [ ]
- [ ]
- [ ]
- [ ]
- [ ]

DREAM CATCHER

의 꿈의 목록

- [ ]
- [ ]
- [ ]
- [ ]
- [ ]
- [ ]
- [ ]
- [ ]
- [ ]
- [ ]
- [ ]
- [ ]
- [ ]
- [ ]
- [ ]
- [ ]
- [ ]
- [ ]
- [ ]
- [ ]
- [ ]
- [ ]
- [ ]
- [ ]